U0862704

张栋琦 编著

海洋垃圾法规适用指导

中国法制出版社
CHINA LEGAL PUBLISHING HOUSE

前　言

我国海洋垃圾立法源于20世纪80年代。1982年，我国制定了《中华人民共和国海洋环境保护法》，这是我国第一部关于海洋环境保护的综合性法律。此后，我国相继制定了《中华人民共和国海上交通安全法》、《中华人民共和国海洋倾废管理条例》、《防止拆船污染环境管理条例》、《中华人民共和国防治海岸工程建设项目污染损害海洋环境管理条例》、《中华人民共和国防治陆源污染物污染损害海洋环境管理条例》和《防治海洋工程建设项目污染损害海洋环境管理条例》等一系列法律规范，细化并扩展了海洋垃圾立法，强化了海洋垃圾的防治。

目前，我国尚未建立一部专门防治海洋垃圾的综合性法律规范，有关海洋垃圾的规定散见于环境影响评价、废弃物倾倒、船舶作业等规范之中。为更好地服务海洋垃圾法律规范学习，帮助相关人员解决海洋垃圾法规适用中的难题。我们特别整理了这本《海洋垃圾法规适用指导》。

本书有两个特点：一是法律规范实用全面，以《中华人民共和国海洋环境保护法》为核心，再细分为工程建设、废弃物倾倒以及船舶作业三类，共收录24件；二是以海洋垃圾为主，将这些散见的法规梳理归纳，更有针对性；三是对重点条文以“适用要点”的形式加以阐释，对这些条文的适用重点、难点和易混淆点予以提示，突出实务指导性。

张栋琦

2022年10月

目　　录

第一编　海洋环境保护

第二编　工程建设

第三编　废弃物倾倒

第四编　船舶作业

第一编

海洋环境保护

目前，《中华人民共和国海洋环境保护法》是有关海洋垃圾防治规定较为全面的法规。主要分为陆源污染、海岸工程建设、海洋工程建设、废弃物倾倒、船舶作业五个方面。其中，海洋工程建设、废弃物倾倒、船舶作业侧重于海上来源的垃圾。在陆源污染方面，主要通过《中华人民共和国固体废物污染环境防治法》《排污许可管理条例》《风景名胜区条例》等予以补充，扩大适用范围。在海岸工程建设方面，以《中华人民共和国环境影响评价法》为核心向外延伸，主要包括港口、拆船厂、航道等建设项目。在海洋工程建设方面，聚焦于一系列工程建设项目的遗留物，特别是海洋石油勘探开发领域。在废弃物倾倒方面，最核心的内容是《中华人民共和国海洋倾废管理条例》，主要包括倾废许可证和倾废区两大块。在船舶作业中，与海洋垃圾最为密切的是各个环节中衍生出有关废弃物的处置。

中华人民共和国海洋环境保护法

（1982年8月23日第五届全国人民代表大会常务委员会第二十四次会议通过　1999年12月25日第九届全国人民代表大会常务委员会第十三次会议修订　根据2013年12月28日第十二届全国人民代表大会常务委员会第六次会议《关于修改〈中华人民共和国海洋环境保护法〉等七部法律的决定》第一次修正　根据2016年11月7日第十二届全国人民代表大会常务委员会第二十四次会议《关于修改〈中华人民共和国海洋环境保护法〉的决定》第二次修正　根据2017年11月4日第十二届全国人民代表大会常务委员会第三十次会议《关于修改〈中华人民共和国会计法〉等十一部法律的决定》第三次修正）

第一章　总　　则

第一条　为了保护和改善海洋环境，保护海洋资源，防治污染损害，维护生态平衡，保障人体健康，促进经济和社会的可持续发展，制定本法。

第二条　本法适用于中华人民共和国内水、领海、毗连区、专属经济区、大陆架以及中华人民共和国管辖的其他海域。

在中华人民共和国管辖海域内从事航行、勘探、开发、生产、旅游、科学研究及其他活动，或者在沿海陆域内从事影响海洋环境活动的任何单位和个人，都必须遵守本法。

在中华人民共和国管辖海域以外，造成中华人民共和国管辖海域污染的，也适用本法。

第三条　国家在重点海洋生态功能区、生态环境敏感区和脆弱区等海域划定生态保护红线，实行严格保护。

国家建立并实施重点海域排污总量控制制度，确定主要污染物排海总量控制指标，并对主要污染源分配排放控制数量。具体办法由国务院制定。

☞ **适用要点**

生态保护红线，是指在生态空间范围内具有特殊重要生态功能、必须强制性严格保护的区域，是保障和维护国家生态安全的底线和生命线，通常包括具有重要水源涵养、生物多样性维护、水土保持、防风固沙、海岸生态稳定等功能的重点生态功能区域，以及水土流失、土地沙化、石漠化、盐渍化等生态环境敏感区和脆弱区域。

2017 年，《生态保护红线划定指南》明确要求，"生态保护红线原则上按禁止开发区域的要求进行管理。严禁不符合主体功能定位的各类开发活动，严禁任意改变用途，确保生态功能不降低、面积不减少、性质不改变。因国家重大基础设施、重大民生保障项目建设等需要调整的，由省级政府组织论证，提出调整方案，经环境保护部①、国家发展改革委会同有关部门提出审核意见后，报国务院批准"。功能不降低，是指生态保护红线内的自然生态系统结构保持相对稳定，退化生态系统功能不断改善，质量不断提升；面积不减少，是指生态保护红线边界保持相对固定，生态保护红线面积只能增加，不能减少；性质不改变，是指严格实施生态保护红线国土空间用途管制，严禁随意改变用地性质。

重点生态功能区，是指与全国或区域生态安全密切相关，需要在国土空间开发中限制大规模高强度工业化城镇化开发，以保持并提高生态产品供给能力的区域，主要类型包括水源涵养区、水土保持区、防风固沙区和生物多样性维护区四类地域空间。海洋生态功

① 注：2018 年 3 月 13 日，十二届全国人大一次会议审议《国务院机构改革方案》，不再保留环境保护部，组建生态环境部。以下不再标注。

能区，划分为农渔业、港口航运、工业与城镇用海、矿产与能源、旅游休闲娱乐、海洋保护、特殊利用以及保留八类区域。生态环境敏感区和脆弱区，是指生态系统稳定性差，易受外界活动干扰，由此导致生态退化甚至难以自我修复的区域。

第四条 一切单位和个人都有保护海洋环境的义务，并有权对污染损害海洋环境的单位和个人，以及海洋环境监督管理人员的违法失职行为进行监督和检举。

第五条 国务院环境保护行政主管部门作为对全国环境保护工作统一监督管理的部门，对全国海洋环境保护工作实施指导、协调和监督，并负责全国防治陆源污染物和海岸工程建设项目对海洋污染损害的环境保护工作。

国家海洋行政主管部门负责海洋环境的监督管理，组织海洋环境的调查、监测、监视、评价和科学研究，负责全国防治海洋工程建设项目和海洋倾倒废弃物对海洋污染损害的环境保护工作。

国家海事行政主管部门负责所辖港区水域内非军事船舶和港区水域外非渔业、非军事船舶污染海洋环境的监督管理，并负责污染事故的调查处理；对在中华人民共和国管辖海域航行、停泊和作业的外国籍船舶造成的污染事故登轮检查处理。船舶污染事故给渔业造成损害的，应当吸收渔业行政主管部门参与调查处理。

国家渔业行政主管部门负责渔港水域内非军事船舶和渔港水域外渔业船舶污染海洋环境的监督管理，负责保护渔业水域生态环境工作，并调查处理前款规定的污染事故以外的渔业污染事故。

军队环境保护部门负责军事船舶污染海洋环境的监督管理及污染事故的调查处理。

沿海县级以上地方人民政府行使海洋环境监督管理权的部门的职责，由省、自治区、直辖市人民政府根据本法及国务院有关规定确定。

第六条 环境保护行政主管部门、海洋行政主管部门和其他行使海洋环境监督管理权的部门，根据职责分工依法公开海洋环境相关信息；相关排污单位应当依法公开排污信息。

第二章 海洋环境监督管理

第七条 国家海洋行政主管部门会同国务院有关部门和沿海省、自治区、直辖市人民政府根据全国海洋主体功能区规划，拟定全国海洋功能区划，报国务院批准。

沿海地方各级人民政府应当根据全国和地方海洋功能区划，保护和科学合理地使用海域。

第八条 国家根据海洋功能区划制定全国海洋环境保护规划和重点海域区域性海洋环境保护规划。

毗邻重点海域的有关沿海省、自治区、直辖市人民政府及行使海洋环境监督管理权的部门，可以建立海洋环境保护区域合作组织，负责实施重点海域区域性海洋环境保护规划、海洋环境污染的防治和海洋生态保护工作。

第九条 跨区域的海洋环境保护工作，由有关沿海地方人民政府协商解决，或者由上级人民政府协调解决。

跨部门的重大海洋环境保护工作，由国务院环境保护行政主管部门协调；协调未能解决的，由国务院作出决定。

第十条 国家根据海洋环境质量状况和国家经济、技术条件，制定国家海洋环境质量标准。

沿海省、自治区、直辖市人民政府对国家海洋环境质量标准中未作规定的项目，可以制定地方海洋环境质量标准。

沿海地方各级人民政府根据国家和地方海洋环境质量标准的规定和本行政区近岸海域环境质量状况，确定海洋环境保护的目标和任务，并纳入人民政府工作计划，按相应的海洋环境质量标准实施管理。

第十一条 国家和地方水污染物排放标准的制定，应当将国家和地方海洋环境质量标准作为重要依据之一。在国家建立并实施排污总量控制制度的重点海域，水污染物排放标准的制定，还应当将主要污染物排海总量控制指标作为重要依据。

排污单位在执行国家和地方水污染物排放标准的同时，应当遵守分解落实到本单位的主要污染物排海总量控制指标。

对超过主要污染物排海总量控制指标的重点海域和未完成海洋环境保护目标、任务的海域，省级以上人民政府环境保护行政主管部门、海洋行政主管部门，根据职责分工暂停审批新增相应种类污染物排放总量的建设项目环境影响报告书（表）。

第十二条 直接向海洋排放污染物的单位和个人，必须按照国家规定缴纳排污费。依照法律规定缴纳环境保护税的，不再缴纳排污费。

向海洋倾倒废弃物，必须按照国家规定缴纳倾倒费。

根据本法规定征收的排污费、倾倒费，必须用于海洋环境污染的整治，不得挪作他用。具体办法由国务院规定。

☞ **适用要点**

开征环境保护税，促使环境外部成本内生化，促进落实排污者责任，推动经济结构调整和发展方式转变。相比排污费，环境保护税更具有规范性和强制性，可以克服随意性，减少拖欠，降低征收成本，提高使用效率。《中华人民共和国环境保护税法》第三条明确了应税污染物的范围，即“《环境保护税税目税额表》、《应税污染物和当量值表》规定的大气污染物、水污染物、固体废物和噪声”。第十二条第一款第二项规定，机动车、铁路机车、非道路移动机械、船舶和航空器等流动污染源排放应税污染物的暂予免征环境保护税。

第十三条 国家加强防治海洋环境污染损害的科学技术的研究和开发，对严重污染海洋环境的落后生产工艺和落后设备，实行淘汰制度。

企业应当优先使用清洁能源，采用资源利用率高、污染物排放量少的清洁生产工艺，防止对海洋环境的污染。

第十四条　国家海洋行政主管部门按照国家环境监测、监视规范和标准，管理全国海洋环境的调查、监测、监视，制定具体的实施办法，会同有关部门组织全国海洋环境监测、监视网络，定期评价海洋环境质量，发布海洋巡航监视通报。

依照本法规定行使海洋环境监督管理权的部门分别负责各自所辖水域的监测、监视。

其他有关部门根据全国海洋环境监测网的分工，分别负责对入海河口、主要排污口的监测。

第十五条　国务院有关部门应当向国务院环境保护行政主管部门提供编制全国环境质量公报所必需的海洋环境监测资料。

环境保护行政主管部门应当向有关部门提供与海洋环境监督管理有关的资料。

第十六条　国家海洋行政主管部门按照国家制定的环境监测、监视信息管理制度，负责管理海洋综合信息系统，为海洋环境保护监督管理提供服务。

第十七条　因发生事故或者其他突发性事件，造成或者可能造成海洋环境污染事故的单位和个人，必须立即采取有效措施，及时向可能受到危害者通报，并向依照本法规定行使海洋环境监督管理权的部门报告，接受调查处理。

沿海县级以上地方人民政府在本行政区域近岸海域的环境受到严重污染时，必须采取有效措施，解除或者减轻危害。

☞ **适用要点**

根据《突发环境事件应急管理办法》第二条第二款的规定，突发环境事件，是指由于污染物排放或者自然灾害、生产安全事故等因素，导致污染物或者放射性物质等有毒有害物质进入大气、水体、土壤等环境介质，突然造成或者可能造成环境质量下降，对公众健康和财产安全造成危害，甚至造成生态破坏或者重大社会影响，需要采取紧急措施予以应对的事件。也就是说，主要包括大气污染、水体污染、土壤污染等突发性环境污染事件和辐射污染事件。根据该办法第二条第三款的规定，突发环境事件按照事件严重程度，分为特别重大、重大、较大和一般四级。

需要注意的是，按照《国家突发环境事件应急预案》规定的适用范围，海上溢油事件、船舶污染事件的应对工作按照其他相关应急预案规定执行。《中华人民共和国海洋石油勘探开发环境保护管理条例》《中华人民共和国海上海事行政处罚规定》等对海上溢油事件应急预案作出了规定。《中华人民共和国船舶污染海洋环境应急防备和应急处置管理规定》等对船舶污染事件应急预案作出了规定。

第十八条 国家根据防止海洋环境污染的需要，制定国家重大海上污染事故应急计划。

国家海洋行政主管部门负责制定全国海洋石油勘探开发重大海上溢油应急计划，报国务院环境保护行政主管部门备案。

国家海事行政主管部门负责制定全国船舶重大海上溢油污染事故应急计划，报国务院环境保护行政主管部门备案。

沿海可能发生重大海洋环境污染事故的单位，应当依照国家的规定，制定污染事故应急计划，并向当地环境保护行政主管部门、海洋行政主管部门备案。

沿海县级以上地方人民政府及其有关部门在发生重大海上污染事故时，必须按照应急计划解除或者减轻危害。

第十九条 依照本法规定行使海洋环境监督管理权的部门可以在海上实行联合执法，在巡航监视中发现海上污染事故或者违反本法规定的行为时，应当予以制止并调查取证，必要时有权采取有效措施，防止污染事态的扩大，并报告有关主管部门处理。

依照本法规定行使海洋环境监督管理权的部门，有权对管辖范围内排放污染物的单位和个人进行现场检查。被检查者应当如实反映情况，提供必要的资料。

检查机关应当为被检查者保守技术秘密和业务秘密。

第三章 海洋生态保护

第二十条 国务院和沿海地方各级人民政府应当采取有效措施，保护红树林、珊瑚礁、滨海湿地、海岛、海湾、入海河口、重要渔业水域等具有典型性、代表性的海洋生态系统，珍稀、濒危海洋生物的天然集中分布区，具有重要经济价值的海洋生物生存区域及有重大科学文化价值的海洋自然历史遗迹和自然景观。

对具有重要经济、社会价值的已遭到破坏的海洋生态，应当进行整治和恢复。

第二十一条 国务院有关部门和沿海省级人民政府应当根据保护海洋生态的需要，选划、建立海洋自然保护区。

国家级海洋自然保护区的建立，须经国务院批准。

第二十二条 凡具有下列条件之一的，应当建立海洋自然保护区：

（一）典型的海洋自然地理区域、有代表性的自然生态区域，以及遭受破坏但经保护能恢复的海洋自然生态区域；

（二）海洋生物物种高度丰富的区域，或者珍稀、濒危海洋生物物种的天然集中分布区域；

（三）具有特殊保护价值的海域、海岸、岛屿、滨海湿地、入海河口和海湾等；

（四）具有重大科学文化价值的海洋自然遗迹所在区域；

（五）其他需要予以特殊保护的区域。

第二十三条 凡具有特殊地理条件、生态系统、生物与非生物资源及海洋开发利用特殊需要的区域，可以建立海洋特别保护区，采取有效的保护措施和科学的开发方式进行特殊管理。

第二十四条 国家建立健全海洋生态保护补偿制度。

开发利用海洋资源，应当根据海洋功能区划合理布局，严格遵守生态保护红线，不得造成海洋生态环境破坏。

第二十五条 引进海洋动植物物种，应当进行科学论证，避免对海洋生态系统造成危害。

第二十六条 开发海岛及周围海域的资源，应当采取严格的生态保护措施，不得造成海岛地形、岸滩、植被以及海岛周围海域生态环境的破坏。

第二十七条 沿海地方各级人民政府应当结合当地自然环境的特点，建设海岸防护设施、沿海防护林、沿海城镇园林和绿地，对海岸侵蚀和海水入侵地区进行综合治理。

禁止毁坏海岸防护设施、沿海防护林、沿海城镇园林和绿地。

第二十八条 国家鼓励发展生态渔业建设，推广多种生态渔业生产方式，改善海洋生态状况。

新建、改建、扩建海水养殖场，应当进行环境影响评价。

海水养殖应当科学确定养殖密度，并应当合理投饵、施肥，正确使用药物，防止造成海洋环境的污染。

☞ **适用要点**

海水养殖，是在沿海滩涂利用海洋水生动植物的经济活动，是可持续利用海洋资源的重要方式。海水养殖业为保障优质海产品供给、降低天然水域水生生物资源利用强度、促进渔业产业兴旺和渔民生活富裕作出了突出贡献，但也不同程度存在养殖布局不合理、局部地区养殖密度过高等问题。根据《防治海洋工程建设项目污染损害海洋环境管理条例》第三条有关海洋工程的界定，大型海水养殖场属于海洋工程建设项目。

第四章 防治陆源污染物对海洋环境的污染损害

第二十九条 向海域排放陆源污染物，必须严格执行国家或者地方规定的标准和有关规定。

☞ **适用要点**

排污许可制是固定污染源管理的核心制度，为加强固定污染源管理发挥了重要作用，为防止“重发证轻监管”、不按证排污、不达标排放等问题的发生，《排污许可管理条例》进一步细化，为加强排污许可管理，规范企业事业单位和其他生产经营者的排污行为，控制污染物排放奠定了法规基础。

《排污许可管理条例》规定了只有申请取得排污许可证的企业事业单位和其他生产经营者才能排放污染物。国务院、设区的市级以上地方人民政府生态环境主管部门对依法取得建设项目环境影响报告书（表）批准文件，或者已经办理环境影响登记表备案手续的排污单位、污染物排放符合污染物排放标准要求，重点污染物排放符合排污许可证申请与核发技术规范、环境影响报告书（表）批准文件、重点污染物排放总量控制要求的排污单位、采用污染防治设施可以达到许可排放浓度要求或者符合污染防治可行技术的排污单位、自行监测方案的监测点位、指标、频次等符合国家自行监测规范的排污单位，颁发排污许可证。污染物产生量、排放量和对环境的影响程度都很小的企业事业单位和其他生产经营者，应当填报排污登记表，不需要申请取得排污许可证。

《排污许可管理条例》明确了排污单位按证排污的法律义务。第十九条第一款规定，排污单位应当按照排污许可证规定和有关标准规范，依法开展自行监测，并保存原始记录。原始监测记录保存期限不得少于5年。第二十一条第一款规定，排污单位应当建立环境管理台账记录制度，记录保存期限不得少于5年。第二十二条第一款规定，排污单位应当按照排污许可证规定的内容、频次和时间要求，向审批部门提交排污许可证执行报告，如实报告污染物排放行为、排放浓度、排放量等。第二十三条第一款规定，排污单位应当按照排污许可证规定，如实在全国排污许可证管理信息平台上公开污染物排放信息。

《排污许可管理条例》还强化了监管职责。第二十五条规定，生态环境主管部门应当将排污许可执法检查纳入生态环境执法年度计划，同时将处罚决定纳入国家有关信用信息系统向社会公布。第二十五条、第二十七条、第二十八条规定，生态环境主管部门可以根据排污许可管理类别、排污单位社会诚信档案、排污单位自行监测、管理台账和执行报告等核查情况，确定检查频次和检查方式。

此外，《排污许可管理条例》加强了惩治力度。第三十三条规定，对未取得排污许可证排放污染物的，由生态环境主管部门责令改正或者限制生产、停产整治，处 20 万元以上 100 万元以下的罚款；情节严重的，报经有批准权的人民政府批准，责令停业、关闭。第四十条、第四十一条规定，对于排污单位以不正当手段申请取得排污许可证，或者伪造、变造、转让排污许可证的，不仅要受到罚款，而且 3 年内不得再次申请排污许可证。

第三十条 入海排污口位置的选择，应当根据海洋功能区划、海水动力条件和有关规定，经科学论证后，报设区的市级以上人民政府环境保护行政主管部门备案。

环境保护行政主管部门应当在完成备案后十五个工作日内将入海排污口设置情况通报海洋、海事、渔业行政主管部门和军队环境保护部门。

在海洋自然保护区、重要渔业水域、海滨风景名胜区和其他需要特别保护的区域，不得新建排污口。

在有条件的地区，应当将排污口深海设置，实行离岸排放。设置陆源污染物深海离岸排放排污口，应当根据海洋功能区划、海水动力条件和海底工程设施的有关情况确定，具体办法由国务院规定。

第三十一条 省、自治区、直辖市人民政府环境保护行政主管部门和水行政主管部门应当按照水污染防治有关法律的规定，加强入海河流管理，防治污染，使入海河口的水质处于良好状态。

第三十二条 排放陆源污染物的单位，必须向环境保护行政主管部门申报拥有的陆源污染物排放设施、处理设施和在正常作业条件下排放陆源污染物的种类、数量和浓度，并提供防治海洋环境污染方面的有关技术和资料。

排放陆源污染物的种类、数量和浓度有重大改变的，必须及时申报。

第三十三条 禁止向海域排放油类、酸液、碱液、剧毒废液和高、中水平放射性废水。

严格限制向海域排放低水平放射性废水；确需排放的，必须严格执行国家辐射防护规定。

严格控制向海域排放含有不易降解的有机物和重金属的废水。

第三十四条 含病原体的医疗污水、生活污水和工业废水必须经过处理，符合国家有关排放标准后，方能排入海域。

第三十五条 含有机物和营养物质的工业废水、生活污水，应当严格控制向海湾、半封闭海及其他自净能力较差的海域排放。

第三十六条 向海域排放含热废水，必须采取有效措施，保证邻近渔业水域的水温符合国家海洋环境质量标准，避免热污染对水产资源的危害。

第三十七条 沿海农田、林场施用化学农药，必须执行国家农药安全使用的规定和标准。

沿海农田、林场应当合理使用化肥和植物生长调节剂。

第三十八条 在岸滩弃置、堆放和处理尾矿、矿渣、煤灰渣、垃圾和其他固体废物的，依照《中华人民共和国固体废物污染环境防治法》的有关规定执行。

☞ **适用要点**

《中华人民共和国固体废物污染环境防治法》第一百零二条对此作出规定，擅自倾倒、堆放、丢弃、遗撒工业固体废物，或者未采取相应防范措施，造成工业固体废物扬散、流失、渗漏或者其他环境污染的，由生态环境主管部门责令改正，处以罚款，没收违法所得；情节严重的，报经有批准权的人民政府批准，可以责令停业或者关闭。

第一百一十一条规定了单位随意倾倒、抛撒、堆放或者焚烧生活垃圾的，由县级以上地方人民政府环境卫生主管部门责令改正，处5万元以上50万元以下的罚款，没收违法所得。未在指定的地点分类投放生活垃圾的，由县级以上地方人民政府环境卫生主管部门责令改正；情节严重的，对单位处5万元以上50万元以下的罚款。

第三十九条 禁止经中华人民共和国内水、领海转移危险废物。

经中华人民共和国管辖的其他海域转移危险废物的，必须事先取得国务院环境保护行政主管部门的书面同意。

第四十条 沿海城市人民政府应当建设和完善城市排水管网，有计划地建设城市污水处理厂或者其他污水集中处理设施，加强城市污水的综合整治。

建设污水海洋处置工程，必须符合国家有关规定。

第四十一条 国家采取必要措施，防止、减少和控制来自大气层或者通过大气层造成的海洋环境污染损害。

第五章 防治海岸工程建设项目对海洋环境的污染损害

第四十二条 新建、改建、扩建海岸工程建设项目，必须遵守国家有关建设项目环境保护管理的规定，并把防治污染所需资金纳入建设项目投资计划。

在依法划定的海洋自然保护区、海滨风景名胜区、重要渔业水域及其他需要特别保护的区域，不得从事污染环境、破坏景观的海岸工程项目建设或者其他活动。

第四十三条 海岸工程建设项目单位，必须对海洋环境进行科学调查，根据自然条件和社会条件，合理选址，编制环境影响报告书（表）。在建设项目开工前，将环境影响报告书（表）报环境保护行政主管部门审查批准。

环境保护行政主管部门在批准环境影响报告书（表）之前，必须征求海洋、海事、渔业行政主管部门和军队环境保护部门的意见。

第四十四条 海岸工程建设项目的环境保护设施，必须与主体工程同时设计、同时施工、同时投产使用。环境保护设施应当符合经批准的环境影响评价报告书（表）的要求。

第四十五条 禁止在沿海陆域内新建不具备有效治理措施的化学制浆造纸、化工、印染、制革、电镀、酿造、炼油、岸边冲滩拆船以及其他严重污染海洋环境的工业生产项目。

第四十六条 兴建海岸工程建设项目，必须采取有效措施，保护国家和地方重点保护的野生动植物及其生存环境和海洋水产资源。

严格限制在海岸采挖砂石。露天开采海滨砂矿和从岸上打井开采海底矿产资源，必须采取有效措施，防止污染海洋环境。

第六章 防治海洋工程建设项目对海洋环境的污染损害

第四十七条 海洋工程建设项目必须符合全国海洋主体功能区规划、海洋功能区划、海洋环境保护规划和国家有关环境保护标准。海洋工程建设项目单位应当对海洋环境进行科学调查，编制海洋环境影响报告书（表），并在建设项目开工前，报海洋行政主管部门审查批准。

海洋行政主管部门在批准海洋环境影响报告书（表）之前，必须征求海事、渔业行政主管部门和军队环境保护部门的意见。

第四十八条 海洋工程建设项目的环境保护设施，必须与主体工程同时设计、同时施工、同时投产使用。环境保护设施未经海洋行政主管部门验收，或者经验收不合格的，建设项目不得投入生产或者使用。

拆除或者闲置环境保护设施，必须事先征得海洋行政主管部门的同意。

第四十九条 海洋工程建设项目，不得使用含超标准放射性物质或者易溶出有毒有害物质的材料。

第五十条 海洋工程建设项目需要爆破作业时，必须采取有效措施，保护海洋资源。

海洋石油勘探开发及输油过程中，必须采取有效措施，避免溢油事故的发生。

第五十一条 海洋石油钻井船、钻井平台和采油平台的含油污水和油性混合物，必须经过处理达标后排放；残油、废油必须予以回收，不得排放入海。经回收处理后排放的，其含油量不得超过国家规定的标准。

钻井所使用的油基泥浆和其他有毒复合泥浆不得排放入海。水基泥浆和无毒复合泥浆及钻屑的排放，必须符合国家有关规定。

第五十二条 海洋石油钻井船、钻井平台和采油平台及其有关海上设施，不得向海域处置含油的工业垃圾。处置其他工业垃圾，不得造成海洋环境污染。

第五十三条 海上试油时，应当确保油气充分燃烧，油和油性混合物不得排放入海。

第五十四条 勘探开发海洋石油，必须按有关规定编制溢油应急计划，报国家海洋行政主管部门的海区派出机构备案。

第七章　防治倾倒废弃物对海洋环境的污染损害

第五十五条 任何单位未经国家海洋行政主管部门批准，不得向中华人民共和国管辖海域倾倒任何废弃物。

需要倾倒废弃物的单位，必须向国家海洋行政主管部门提出书面申请，经国家海洋行政主管部门审查批准，发给许可证后，方可倾倒。

禁止中华人民共和国境外的废弃物在中华人民共和国管辖海域倾倒。

第五十六条 国家海洋行政主管部门根据废弃物的毒性、有毒物质含量和对海洋环境影响程度，制定海洋倾倒废弃物评价程序和标准。

向海洋倾倒废弃物，应当按照废弃物的类别和数量实行分级管理。

可以向海洋倾倒的废弃物名录，由国家海洋行政主管部门拟定，经国务院环境保护行政主管部门提出审核意见后，报国务院批准。

第五十七条 国家海洋行政主管部门按照科学、合理、经济、安全的原则选划海洋倾倒区，经国务院环境保护行政主管部门提出审核意见后，报国务院批准。

临时性海洋倾倒区由国家海洋行政主管部门批准，并报国务院环境保护行政主管部门备案。

国家海洋行政主管部门在选划海洋倾倒区和批准临时性海洋倾倒区之前，必须征求国家海事、渔业行政主管部门的意见。

第五十八条 国家海洋行政主管部门监督管理倾倒区的使用，组织倾倒区的环境监测。对经确认不宜继续使用的倾倒区，国家海洋行政主管部门应当予以封闭，终止在该倾倒区的一切倾倒活动，并报国务院备案。

第五十九条 获准倾倒废弃物的单位，必须按照许可证注明的期限及条件，到指定的区域进行倾倒。废弃物装载之后，批准部门应当予以核实。

第六十条 获准倾倒废弃物的单位，应当详细记录倾倒的情况，并在倾倒后向批准部门作出书面报告。倾倒废弃物的船舶必须向驶出港的海事行政主管部门作出书面报告。

第六十一条 禁止在海上焚烧废弃物。

禁止在海上处置放射性废弃物或者其他放射性物质。废弃物中的放射性物质的豁免浓度由国务院制定。

第八章 防治船舶及有关作业活动对海洋环境的污染损害

第六十二条 在中华人民共和国管辖海域，任何船舶及相关作业不得违反本法规定向海洋排放污染物、废弃物和压载水、船舶垃圾及其他有害物质。

从事船舶污染物、废弃物、船舶垃圾接收、船舶清舱、洗舱作业活动的，必须具备相应的接收处理能力。

第六十三条 船舶必须按照有关规定持有防止海洋环境污染的证书与文书，在进行涉及污染物排放及操作时，应当如实记录。

第六十四条 船舶必须配置相应的防污设备和器材。

载运具有污染危害性货物的船舶，其结构与设备应当能够防止或者减轻所载货物对海洋环境的污染。

第六十五条 船舶应当遵守海上交通安全法律、法规的规定，防止因碰撞、触礁、搁浅、火灾或者爆炸等引起的海难事故，造成海洋环境的污染。

第六十六条 国家完善并实施船舶油污损害民事赔偿责任制度；按照船舶油污损害赔偿责任由船东和货主共同承担风险的原则，建立船舶油污保险、油污损害赔偿基金制度。

实施船舶油污保险、油污损害赔偿基金制度的具体办法由国务院规定。

第六十七条 载运具有污染危害性货物进出港口的船舶，其承运人、货物所有人或者代理人，必须事先向海事行政主管部门申报。

经批准后，方可进出港口、过境停留或者装卸作业。

第六十八条 交付船舶装运污染危害性货物的单证、包装、标志、数量限制等，必须符合对所装货物的有关规定。

需要船舶装运污染危害性不明的货物，应当按照有关规定事先进行评估。

装卸油类及有毒有害货物的作业，船岸双方必须遵守安全防污操作规程。

第六十九条 港口、码头、装卸站和船舶修造厂必须按照有关规定备有足够的用于处理船舶污染物、废弃物的接收设施，并使该设施处于良好状态。

装卸油类的港口、码头、装卸站和船舶必须编制溢油污染应急计划，并配备相应的溢油污染应急设备和器材。

第七十条 船舶及有关作业活动应当遵守有关法律法规和标准，采取有效措施，防止造成海洋环境污染。海事行政主管部门等有关部门应当加强对船舶及有关作业活动的监督管理。

船舶进行散装液体污染危害性货物的过驳作业，应当事先按照有关规定报经海事行政主管部门批准。

第七十一条 船舶发生海难事故，造成或者可能造成海洋环境重大污染损害的，国家海事行政主管部门有权强制采取避免或者减少污染损害的措施。

对在公海上因发生海难事故，造成中华人民共和国管辖海域重大污染损害后果或者具有污染威胁的船舶、海上设施，国家海事行政主管部门有权采取与实际的或者可能发生的损害相称的必要措施。

第七十二条 所有船舶均有监视海上污染的义务，在发现海上污染事故或者违反本法规定的行为时，必须立即向就近的依照本法规定行使海洋环境监督管理权的部门报告。

民用航空器发现海上排污或者污染事件，必须及时向就近的民用航空空中交通管制单位报告。接到报告的单位，应当立即向依照本法规定行使海洋环境监督管理权的部门通报。

第九章 法律责任

第七十三条 违反本法有关规定，有下列行为之一的，由依照本法规定行使海洋环境监督管理权的部门责令停止违法行为、限期改正或者责令采取限制生产、停产整治等措施，并处以罚款；拒不改正的，依法作出处罚决定的部门可以自责令改正之日的次日起，按照原罚款数额按日连续处罚；情节严重的，报经有批准权的人民政府批准，责令停业、关闭：

（一）向海域排放本法禁止排放的污染物或者其他物质的；

（二）不按照本法规定向海洋排放污染物，或者超过标准、总量控制指标排放污染物的；

（三）未取得海洋倾倒许可证，向海洋倾倒废弃物的；

（四）因发生事故或者其他突发性事件，造成海洋环境污染事故，不立即采取处理措施的。

有前款第（一）、（三）项行为之一的，处三万元以上二十万元以下的罚款；有前款第（二）、（四）项行为之一的，处二万元以上十万元以下的罚款。

☞ **适用要点**

按日计罚，是指企事业单位和其他生产经营者违法排污，受到罚款处罚，被要求改正拒不执行时，依法作出行政处罚决定的行政机关可以自责令改正之日的次日起，按照原来处罚数额按日连续处罚。按日处罚不能无限期计罚，仍然不能有效抑制违法排污的，应当采取进一步措施予以制止。本条规定，对于超过标准、总量控制指标排放污染物的企事业单位和其他生产经营者，情节严重的，报经有批准权的人民政府批准，责令停业、关闭。

第七十四条 违反本法有关规定，有下列行为之一的，由依照本法规定行使海洋环境监督管理权的部门予以警告，或者处以罚款：

（一）不按照规定申报，甚至拒报污染物排放有关事项，或者在申报时弄虚作假的；

（二）发生事故或者其他突发性事件不按照规定报告的；

（三）不按照规定记录倾倒情况，或者不按照规定提交倾倒报告的；

（四）拒报或者谎报船舶载运污染危害性货物申报事项的。

有前款第（一）、（三）项行为之一的，处二万元以下的罚款；有前款第（二）、（四）项行为之一的，处五万元以下的罚款。

第七十五条 违反本法第十九条第二款的规定，拒绝现场检查，或者在被检查时弄虚作假的，由依照本法规定行使海洋环境监督管理权的部门予以警告，并处二万元以下的罚款。

第七十六条 违反本法规定，造成珊瑚礁、红树林等海洋生态系统及海洋水产资源、海洋保护区破坏的，由依照本法规定行使海洋环境监督管理权的部门责令限期改正和采取补救措施，并处一万元以上十万元以下的罚款；有违法所得的，没收其违法所得。

☞ **适用要点**

《风景名胜区条例》第四十四条对于海洋垃圾也作出了概括性规定，在风景名胜区内乱扔垃圾的，由风景名胜区管理机构责令恢复原状或者采取其他补救措施，处50元的罚款。

第七十七条 违反本法第三十条第一款、第三款规定设置入海排污口的，由县级以上地方人民政府环境保护行政主管部门责令其关闭，并处二万元以上十万元以下的罚款。

海洋、海事、渔业行政主管部门和军队环境保护部门发现入海排污口设置违反本法第三十条第一款、第三款规定的，应当通报环境保护行政主管部门依照前款规定予以处罚。

第七十八条 违反本法第三十九条第二款的规定，经中华人民共和国管辖海域，转移危险废物的，由国家海事行政主管部门责令非法运输该危险废物的船舶退出中华人民共和国管辖海域，并处五万元以上五十万元以下的罚款。

第七十九条 海岸工程建设项目未依法进行环境影响评价的，依照《中华人民共和国环境影响评价法》的规定处理。

第八十条 违反本法第四十四条的规定，海岸工程建设项目未建成环境保护设施，或者环境保护设施未达到规定要求即投入生产、使用的，由环境保护行政主管部门责令其停止生产或者使用，并处二万元以上十万元以下的罚款。

第八十一条 违反本法第四十五条的规定，新建严重污染海洋环境的工业生产建设项目的，按照管理权限，由县级以上人民政府责令关闭。

第八十二条 违反本法第四十七条第一款的规定，进行海洋工程建设项目的，由海洋行政主管部门责令其停止施工，根据违法情节和危害后果，处建设项目总投资额百分之一以上百分之五以下的罚款，并可以责令恢复原状。

违反本法第四十八条的规定，海洋工程建设项目未建成环境保护设施、环境保护设施未达到规定要求即投入生产、使用的，由海洋行政主管部门责令其停止生产、使用，并处五万元以上二十万元以下的罚款。

第八十三条 违反本法第四十九条的规定，使用含超标准放射性物质或者易溶出有毒有害物质材料的，由海洋行政主管部门处五万元以下的罚款，并责令其停止该建设项目的运行，直到消除污染危害。

第八十四条 违反本法规定进行海洋石油勘探开发活动，造成海洋环境污染的，由国家海洋行政主管部门予以警告，并处二万元以上二十万元以下的罚款。

第八十五条 违反本法规定，不按照许可证的规定倾倒，或者向已经封闭的倾倒区倾倒废弃物的，由海洋行政主管部门予以警告，并处三万元以上二十万元以下的罚款；对情节严重的，可以暂扣或者吊销许可证。

第八十六条 违反本法第五十五条第三款的规定，将中华人民共和国境外废弃物运进中华人民共和国管辖海域倾倒的，由国家海洋行政主管部门予以警告，并根据造成或者可能造成的危害后果，处十万元以上一百万元以下的罚款。

第八十七条 违反本法规定，有下列行为之一的，由依照本法规定行使海洋环境监督管理权的部门予以警告，或者处以罚款：

（一）港口、码头、装卸站及船舶未配备防污设施、器材的；

（二）船舶未持有防污证书、防污文书，或者不按照规定记载排污记录的；

（三）从事水上和港区水域拆船、旧船改装、打捞和其他水上、水下施工作业，造成海洋环境污染损害的；

（四）船舶载运的货物不具备防污适运条件的。

有前款第（一）、（四）项行为之一的，处二万元以上十万元以下的罚款；有前款第（二）项行为的，处二万元以下的罚款；有前款第（三）项行为的，处五万元以上二十万元以下的罚款。

第八十八条 违反本法规定，船舶、石油平台和装卸油类的港口、码头、装卸站不编制溢油应急计划的，由依照本法规定行使海洋环境监督管理权的部门予以警告，或者责令限期改正。

☞ **适用要点**

溢油应急计划，是根据油田开发规模、作业海域的自然环境和资源状况，制订处理突发溢油事故的方案，并须报海区主管部门备案。溢油应急计划内容应包括：平台作业情况及海域环境、资源状况；溢油风险分析；溢油应急能力。根据《中华人民共和国海洋石油勘探开发环境保护管理条例实施办法》第二条和第九条的规定，应急计划的编制主体是从事石油勘探开发的任何法人、自然人和其他经济实体。根据该法第二十四条的规定，对于船舶、石油平台和装卸油类的港口、码头、装卸站不编制溢油应急计划的，予以警告，或者责令限期改正；对不按规定备案溢油应急计划的，予以警告，或者处以人民币 5000 元至 1 万元的罚款。

第八十九条 造成海洋环境污染损害的责任者，应当排除危害，并赔偿损失；完全由于第三者的故意或者过失，造成海洋环境污染损害的，由第三者排除危害，并承担赔偿责任。

对破坏海洋生态、海洋水产资源、海洋保护区，给国家造成重大损失的，由依照本法规定行使海洋环境监督管理权的部门代表国家对责任者提出损害赔偿要求。

☞ **适用要点**

本条有关第三人过错环境侵权责任承担的规定。《中华人民共和国民法典》第一千一百七十五条规定，损害是第三人造成的，第三人应该承担责任。不过，在第一千二百三十三条规定，因第三人的过错造成环境污染、破坏生态的，被侵权人可以向侵权人请求赔偿，也可以向第三人请求赔偿。侵权人赔偿后，有权向第三人追偿。可见，在环境侵权领域，除去其他环境资源单行法另有特别规定外，第三人过错不能作为侵权人的减免事由。本条对于第三人过错的规定属于特别规定，不适用《中华人民共和国民法典》第一千二百三十三条的规定。

第九十条 对违反本法规定，造成海洋环境污染事故的单位，除依法承担赔偿责任外，由依照本法规定行使海洋环境监督管理权的部门依照本条第二款的规定处以罚款；对直接负责的主管人员和其他直接责任人员可以处上一年度从本单位取得收入百分之五十以下的罚款；直接负责的主管人员和其他直接责任人员属于国家工作人员的，依法给予处分。

对造成一般或者较大海洋环境污染事故的，按照直接损失的百分之二十计算罚款；对造成重大或者特大海洋环境污染事故的，按照直接损失的百分之三十计算罚款。

对严重污染海洋环境、破坏海洋生态，构成犯罪的，依法追究刑事责任。

第九十一条　完全属于下列情形之一，经过及时采取合理措施，仍然不能避免对海洋环境造成污染损害的，造成污染损害的有关责任者免予承担责任：

（一）战争；

（二）不可抗拒的自然灾害；

（三）负责灯塔或者其他助航设备的主管部门，在执行职责时的疏忽，或者其他过失行为。

第九十二条　对违反本法第十二条有关缴纳排污费、倾倒费规定的行政处罚，由国务院规定。

第九十三条　海洋环境监督管理人员滥用职权、玩忽职守、徇私舞弊，造成海洋环境污染损害的，依法给予行政处分；构成犯罪的，依法追究刑事责任。

第十章　附　　则

第九十四条　本法中下列用语的含义是：

（一）海洋环境污染损害，是指直接或者间接地把物质或者能量引入海洋环境，产生损害海洋生物资源、危害人体健康、妨害渔业和海上其他合法活动、损害海水使用素质和减损环境质量等有害影响。

（二）内水，是指我国领海基线向内陆一侧的所有海域。

（三）滨海湿地，是指低潮时水深浅于六米的水域及其沿岸浸湿地带，包括水深不超过六米的永久性水域、潮间带（或洪泛地带）和沿海低地等。

（四）海洋功能区划，是指依据海洋自然属性和社会属性，以及自然资源和环境特定条件，界定海洋利用的主导功能和使用范畴。

（五）渔业水域，是指鱼虾类的产卵场、索饵场、越冬场、洄游通道和鱼虾贝藻类的养殖场。

（六）油类，是指任何类型的油及其炼制品。

（七）油性混合物，是指任何含有油份的混合物。

（八）排放，是指把污染物排入海洋的行为，包括泵出、溢出、泄出、喷出和倒出。

（九）陆地污染源（简称陆源），是指从陆地向海域排放污染物，造成或者可能造成海洋环境污染的场所、设施等。

（十）陆源污染物，是指由陆地污染源排放的污染物。

（十一）倾倒，是指通过船舶、航空器、平台或者其他载运工具，向海洋处置废弃物和其他有害物质的行为，包括弃置船舶、航空器、平台及其辅助设施和其他浮动工具的行为。

（十二）沿海陆域，是指与海岸相连，或者通过管道、沟渠、设施，直接或者间接向海洋排放污染物及其相关活动的一带区域。

（十三）海上焚烧，是指以热摧毁为目的，在海上焚烧设施上，故意焚烧废弃物或者其他物质的行为，但船舶、平台或者其他人工构造物正常操作中，所附带发生的行为除外。

第九十五条 涉及海洋环境监督管理的有关部门的具体职权划分，本法未作规定的，由国务院规定。

第九十六条 中华人民共和国缔结或者参加的与海洋环境保护有关的国际条约与本法有不同规定的，适用国际条约的规定；但是，中华人民共和国声明保留的条款除外。

第九十七条 本法自 2000 年 4 月 1 日起施行。

第二编

工程建设

工程建设，包括海岸工程建设和海洋工程建设。海岸工程建设项目，是指位于海岸或者与海岸连接，工程主体位于海岸线向陆一侧，对海洋环境产生影响的新建、改建、扩建工程项目。具体包括：(1)港口、码头、航道、滨海机场工程项目；(2)造船厂、修船厂；(3)滨海火电站、核电站、风电站；(4)滨海物资存储设施工程项目；(5)滨海矿山、化工、轻工、冶金等工业工程项目；(6)固体废弃物、污水等污染物处理处置排海工程项目；(7)滨海大型养殖场；(8)海岸防护工程、砂石场和入海河口处的水利设施；(9)滨海石油勘探开发工程项目；(10)国务院环境保护主管部门会同国家海洋主管部门规定的其他海岸工程项目。主要依照《中华人民共和国环境影响评价法》《建设项目环境保护管理条例》《中华人民共和国防治海岸工程建设项目污染损害海洋环境管理条例》等。

海洋工程建设项目，是指以开发、利用、保护、恢复海洋资源为目的，并且工程主体位于海岸线向海一侧的新建、改建、扩建工程。具体包括：(1)围填海、海上堤坝工程；(2)人工岛、海上和海底物资储藏设施、跨海桥梁、海底隧道工程；(3)海底管道、海底电（光）缆工程；(4)海洋矿产资源勘探开发及其附属工程；(5)海上潮汐电站、波浪电站、温差电站等海洋能源开发利用工程；(6)大型海水养殖场、人工鱼礁工程；(7)盐田、海水淡化等海水综合利用工程；(8)海上娱乐及运动、景观开发工程；(9)国家海洋主管部门会同国务院环境保护主管部门规定的其他海洋工程。主要依照《中华人民共和国海洋环境保护法》《防治海洋工程建设项目污染损害海洋环境管理条例》等。

中华人民共和国环境影响评价法

（2002 年 10 月 28 日第九届全国人民代表大会常务委员会第三十次会议通过　根据 2016 年 7 月 2 日第十二届全国人民代表大会常务委员会第二十一次会议《关于修改〈中华人民共和国节约能源法〉等六部法律的决定》第一次修正　根据 2018 年 12 月 29 日第十三届全国人民代表大会常务委员会第七次会议《关于修改〈中华人民共和国劳动法〉等七部法律的决定》第二次修正）

第一章　总　则

第一条　为了实施可持续发展战略，预防因规划和建设项目实施后对环境造成不良影响，促进经济、社会和环境的协调发展，制定本法。

第二条　本法所称环境影响评价，是指对规划和建设项目实施后可能造成的环境影响进行分析、预测和评估，提出预防或者减轻不良环境影响的对策和措施，进行跟踪监测的方法与制度。

第三条　编制本法第九条所规定的范围内的规划，在中华人民共和国领域和中华人民共和国管辖的其他海域内建设对环境有影响的项目，应当依照本法进行环境影响评价。

第四条　环境影响评价必须客观、公开、公正，综合考虑规划或者建设项目实施后对各种环境因素及其所构成的生态系统可能造成的影响，为决策提供科学依据。

第五条　国家鼓励有关单位、专家和公众以适当方式参与环境影响评价。

第六条　国家加强环境影响评价的基础数据库和评价指标体系

建设，鼓励和支持对环境影响评价的方法、技术规范进行科学研究，建立必要的环境影响评价信息共享制度，提高环境影响评价的科学性。

国务院生态环境主管部门应当会同国务院有关部门，组织建立和完善环境影响评价的基础数据库和评价指标体系。

第二章　规划的环境影响评价

第七条　国务院有关部门、设区的市级以上地方人民政府及其有关部门，对其组织编制的土地利用的有关规划，区域、流域、海域的建设、开发利用规划，应当在规划编制过程中组织进行环境影响评价，编写该规划有关环境影响的篇章或者说明。

规划有关环境影响的篇章或者说明，应当对规划实施后可能造成的环境影响作出分析、预测和评估，提出预防或者减轻不良环境影响的对策和措施，作为规划草案的组成部分一并报送规划审批机关。

未编写有关环境影响的篇章或者说明的规划草案，审批机关不予审批。

第八条　国务院有关部门、设区的市级以上地方人民政府及其有关部门，对其组织编制的工业、农业、畜牧业、林业、能源、水利、交通、城市建设、旅游、自然资源开发的有关专项规划（以下简称专项规划），应当在该专项规划草案上报审批前，组织进行环境影响评价，并向审批该专项规划的机关提出环境影响报告书。

前款所列专项规划中的指导性规划，按照本法第七条的规定进行环境影响评价。

第九条　依照本法第七条、第八条的规定进行环境影响评价的规划的具体范围，由国务院生态环境主管部门会同国务院有关部门规定，报国务院批准。

第十条 专项规划的环境影响报告书应当包括下列内容：

（一）实施该规划对环境可能造成影响的分析、预测和评估；

（二）预防或者减轻不良环境影响的对策和措施；

（三）环境影响评价的结论。

第十一条 专项规划的编制机关对可能造成不良环境影响并直接涉及公众环境权益的规划，应当在该规划草案报送审批前，举行论证会、听证会，或者采取其他形式，征求有关单位、专家和公众对环境影响报告书草案的意见。但是，国家规定需要保密的情形除外。

编制机关应当认真考虑有关单位、专家和公众对环境影响报告书草案的意见，并应当在报送审查的环境影响报告书中附具对意见采纳或者不采纳的说明。

第十二条 专项规划的编制机关在报批规划草案时，应当将环境影响报告书一并附送审批机关审查；未附送环境影响报告书的，审批机关不予审批。

第十三条 设区的市级以上人民政府在审批专项规划草案，作出决策前，应当先由人民政府指定的生态环境主管部门或者其他部门召集有关部门代表和专家组成审查小组，对环境影响报告书进行审查。审查小组应当提出书面审查意见。

参加前款规定的审查小组的专家，应当从按照国务院生态环境主管部门的规定设立的专家库内的相关专业的专家名单中，以随机抽取的方式确定。

由省级以上人民政府有关部门负责审批的专项规划，其环境影响报告书的审查办法，由国务院生态环境主管部门会同国务院有关部门制定。

第十四条 审查小组提出修改意见的，专项规划的编制机关应当根据环境影响报告书结论和审查意见对规划草案进行修改完善，并对环境影响报告书结论和审查意见的采纳情况作出说明；不采纳的，应当说明理由。

设区的市级以上人民政府或者省级以上人民政府有关部门在审批专项规划草案时，应当将环境影响报告书结论以及审查意见作为决策的重要依据。

在审批中未采纳环境影响报告书结论以及审查意见的，应当作出说明，并存档备查。

第十五条 对环境有重大影响的规划实施后，编制机关应当及时组织环境影响的跟踪评价，并将评价结果报告审批机关；发现有明显不良环境影响的，应当及时提出改进措施。

第三章 建设项目的环境影响评价

第十六条 国家根据建设项目对环境的影响程度，对建设项目的环境影响评价实行分类管理。

建设单位应当按照下列规定组织编制环境影响报告书、环境影响报告表或者填报环境影响登记表（以下统称环境影响评价文件）：

（一）可能造成重大环境影响的，应当编制环境影响报告书，对产生的环境影响进行全面评价；

（二）可能造成轻度环境影响的，应当编制环境影响报告表，对产生的环境影响进行分析或者专项评价；

（三）对环境影响很小、不需要进行环境影响评价的，应当填报环境影响登记表。

建设项目的环境影响评价分类管理名录，由国务院生态环境主管部门制定并公布。

第十七条 建设项目的环境影响报告书应当包括下列内容：

（一）建设项目概况；

（二）建设项目周围环境现状；

（三）建设项目对环境可能造成影响的分析、预测和评估；

（四）建设项目环境保护措施及其技术、经济论证；

（五）建设项目对环境影响的经济损益分析；

（六）对建设项目实施环境监测的建议；

（七）环境影响评价的结论。

环境影响报告表和环境影响登记表的内容和格式，由国务院生态环境主管部门制定。

第十八条 建设项目的环境影响评价，应当避免与规划的环境影响评价相重复。

作为一项整体建设项目的规划，按照建设项目进行环境影响评价，不进行规划的环境影响评价。

已经进行了环境影响评价的规划包含具体建设项目的，规划的环境影响评价结论应当作为建设项目环境影响评价的重要依据，建设项目环境影响评价的内容应当根据规划的环境影响评价审查意见予以简化。

第十九条 建设单位可以委托技术单位对其建设项目开展环境影响评价，编制建设项目环境影响报告书、环境影响报告表；建设单位具备环境影响评价技术能力的，可以自行对其建设项目开展环境影响评价，编制建设项目环境影响报告书、环境影响报告表。

编制建设项目环境影响报告书、环境影响报告表应当遵守国家有关环境影响评价标准、技术规范等规定。

国务院生态环境主管部门应当制定建设项目环境影响报告书、环境影响报告表编制的能力建设指南和监管办法。

接受委托为建设单位编制建设项目环境影响报告书、环境影响报告表的技术单位，不得与负责审批建设项目环境影响报告书、环境影响报告表的生态环境主管部门或者其他有关审批部门存在任何利益关系。

第二十条 建设单位应当对建设项目环境影响报告书、环境影响报告表的内容和结论负责，接受委托编制建设项目环境影响报告书、环境影响报告表的技术单位对其编制的建设项目环境影响报告书、环境影响报告表承担相应责任。

设区的市级以上人民政府生态环境主管部门应当加强对建设项目环境影响报告书、环境影响报告表编制单位的监督管理和质量考核。

负责审批建设项目环境影响报告书、环境影响报告表的生态环境主管部门应当将编制单位、编制主持人和主要编制人员的相关违法信息记入社会诚信档案，并纳入全国信用信息共享平台和国家企业信用信息公示系统向社会公布。

任何单位和个人不得为建设单位指定编制建设项目环境影响报告书、环境影响报告表的技术单位。

第二十一条 除国家规定需要保密的情形外，对环境可能造成重大影响、应当编制环境影响报告书的建设项目，建设单位应当在报批建设项目环境影响报告书前，举行论证会、听证会，或者采取其他形式，征求有关单位、专家和公众的意见。

建设单位报批的环境影响报告书应当附具对有关单位、专家和公众的意见采纳或者不采纳的说明。

第二十二条 建设项目的环境影响报告书、报告表，由建设单位按照国务院的规定报有审批权的生态环境主管部门审批。

海洋工程建设项目的海洋环境影响报告书的审批，依照《中华人民共和国海洋环境保护法》的规定办理。

☞ **适用要点**

与海洋垃圾有关的工程建设分为海岸工程和海洋工程。

根据《中华人民共和国防治海岸工程建设项目污染损害海洋环境管理条例》第二条的规定，海岸工程建设项目，是指位于海岸或者与海岸连接，工程主体位于海岸线向陆一侧，对海洋环境产生影响的新建、改建、扩建工程项目。

具体包括：

（一）港口、码头、航道、滨海机场工程项目；

（二）造船厂、修船厂；

（三）滨海火电站、核电站、风电站；

（四）滨海物资存储设施工程项目；

（五）滨海矿山、化工、轻工、冶金等工业工程项目；

（六）固体废弃物、污水等污染物处理处置排海工程项目；

（七）滨海大型养殖场；

（八）海岸防护工程、砂石场和入海河口处的水利设施；

海岸工程的环境影响评价文件依据《环境影响评价法》有关规定，由生态环境部审批。

（九）滨海石油勘探开发工程项目；

（十）国务院环境保护主管部门会同国家海洋主管部门规定的其他海岸工程项目。

根据《防治海洋工程建设项目污染损害海洋环境管理条例》第三条的规定，海洋工程，是指以开发、利用、保护、恢复海洋资源为目的，并且工程主体位于海岸线向海一侧的新建、改建、扩建工程。

具体包括：

（一）围填海、海上堤坝工程；

（二）人工岛、海上和海底物资储藏设施、跨海桥梁、海底隧道工程；

（三）海底管道、海底电（光）缆工程；

（四）海洋矿产资源勘探开发及其附属工程；

（五）海上潮汐电站、波浪电站、温差电站等海洋能源开发利用工程；

（六）大型海水养殖场、人工鱼礁工程；

（七）盐田、海水淡化等海水综合利用工程；

（八）海上娱乐及运动、景观开发工程等；

（九）国家海洋主管部门会同国务院环境保护主管部门规定的其他海洋工程。

《中华人民共和国海洋环境保护法》第六章规定了海洋工程建设项目的审批。海洋工程建设项目单位应当对海洋环境进行科学调查，编制海洋环境影响报告书（表），并在建设项目开工前，报海洋行政主管部门审查批准。在批准海洋环境影响报告书（表）之前，必须征求海事、渔业行政主管部门和军队环境保护部门的意见。

审批部门应当自收到环境影响报告书之日起六十日内，收到环境影响报告表之日起三十日内，分别作出审批决定并书面通知建设单位。

国家对环境影响登记表实行备案管理。

审核、审批建设项目环境影响报告书、报告表以及备案环境影响登记表，不得收取任何费用。

第二十三条 国务院生态环境主管部门负责审批下列建设项目的环境影响评价文件：

（一）核设施、绝密工程等特殊性质的建设项目；

（二）跨省、自治区、直辖市行政区域的建设项目；

（三）由国务院审批的或者由国务院授权有关部门审批的建设项目。

前款规定以外的建设项目的环境影响评价文件的审批权限，由省、自治区、直辖市人民政府规定。

建设项目可能造成跨行政区域的不良环境影响，有关生态环境主管部门对该项目的环境影响评价结论有争议的，其环境影响评价文件由共同的上一级生态环境主管部门审批。

第二十四条 建设项目的环境影响评价文件经批准后，建设项目的性质、规模、地点、采用的生产工艺或者防治污染、防止生态破坏的措施发生重大变动的，建设单位应当重新报批建设项目的环境影响评价文件。

建设项目的环境影响评价文件自批准之日起超过五年，方决定该项目开工建设的，其环境影响评价文件应当报原审批部门重新审核；原审批部门应当自收到建设项目环境影响评价文件之日起十日内，将审核意见书面通知建设单位。

第二十五条 建设项目的环境影响评价文件未依法经审批部门审查或者审查后未予批准的，建设单位不得开工建设。

第二十六条 建设项目建设过程中，建设单位应当同时实施环境影响报告书、环境影响报告表以及环境影响评价文件审批部门审批意见中提出的环境保护对策措施。

第二十七条 在项目建设、运行过程中产生不符合经审批的环境影响评价文件的情形的，建设单位应当组织环境影响的后评价，采取改进措施，并报原环境影响评价文件审批部门和建设项目审批部门备案；原环境影响评价文件审批部门也可以责成建设单位进行环境影响的后评价，采取改进措施。

第二十八条 生态环境主管部门应当对建设项目投入生产或者使用后所产生的环境影响进行跟踪检查，对造成严重环境污染或者生态破坏的，应当查清原因、查明责任。对属于建设项目环境影响报告书、环境影响报告表存在基础资料明显不实，内容存在重大缺陷、遗漏或者虚假，环境影响评价结论不正确或者不合理等严重质量问题的，依照本法第三十二条的规定追究建设单位及其相关责任人员和接受委托编制建设项目环境影响报告书、环境影响报告表的技术单位及其相关人员的法律责任；属于审批部门工作人员失职、渎职，对依法不应批准的建设项目环境影响报告书、环境影响报告表予以批准的，依照本法第三十四条的规定追究其法律责任。

第四章 法律责任

第二十九条 规划编制机关违反本法规定，未组织环境影响评价，或者组织环境影响评价时弄虚作假或者有失职行为，造成环境影响评价严重失实的，对直接负责的主管人员和其他直接责任人员，由上级机关或者监察机关依法给予行政处分。

第三十条 规划审批机关对依法应当编写有关环境影响的篇章或者说明而未编写的规划草案，依法应当附送环境影响报告书而未附送的专项规划草案，违法予以批准的，对直接负责的主管人员和其他直接责任人员，由上级机关或者监察机关依法给予行政处分。

第三十一条 建设单位未依法报批建设项目环境影响报告书、报告表，或者未依照本法第二十四条的规定重新报批或者报请重新审核环境影响报告书、报告表，擅自开工建设的，由县级以上生态环境主管部门责令停止建设，根据违法情节和危害后果，处建设项目总投资额百分之一以上百分之五以下的罚款，并可以责令恢复原状；对建设单位直接负责的主管人员和其他直接责任人员，依法给予行政处分。

建设项目环境影响报告书、报告表未经批准或者未经原审批部门重新审核同意，建设单位擅自开工建设的，依照前款的规定处罚、处分。

建设单位未依法备案建设项目环境影响登记表的，由县级以上生态环境主管部门责令备案，处五万元以下的罚款。

海洋工程建设项目的建设单位有本条所列违法行为的，依照《中华人民共和国海洋环境保护法》的规定处罚。

☞ **适用要点**

根据《中华人民共和国海洋环境保护法》的规定，海洋工程建设单位未依法报批建设项目环境影响报告书、报告表，擅自开工建设的，由海洋行政主管部门责令其停止施工，根据违法情节和危害后果，处建设项目总投资额百分之一以上百分之五以下的罚款，并可以责令恢复原状。

对于建设单位未按规定重新报批或者报请重新审核环境影响报告书、报告表，擅自开工建设的，没有作出规定。

第三十二条 建设项目环境影响报告书、环境影响报告表存在基础资料明显不实，内容存在重大缺陷、遗漏或者虚假，环境影响评价结论不正确或者不合理等严重质量问题的，由设区的市级以上人民政府生态环境主管部门对建设单位处五十万元以上二百万元以下的罚款，并对建设单位的法定代表人、主要负责人、直接负责的主管人员和其他直接责任人员，处五万元以上二十万元以下的罚款。

接受委托编制建设项目环境影响报告书、环境影响报告表的技术单位违反国家有关环境影响评价标准和技术规范等规定，致使其编制的建设项目环境影响报告书、环境影响报告表存在基础资料明显不实，内容存在重大缺陷、遗漏或者虚假，环境影响评价结论不正确或者不合理等严重质量问题的，由设区的市级以上人民政府生态环境主管部门对技术单位处所收费用三倍以上五倍以下的罚款；情节严重的，禁止从事环境影响报告书、环境影响报告表编制工作；有违法所得的，没收违法所得。

编制单位有本条第一款、第二款规定的违法行为的，编制主持人和主要编制人员五年内禁止从事环境影响报告书、环境影响报告表编制工作；构成犯罪的，依法追究刑事责任，并终身禁止从事环境影响报告书、环境影响报告表编制工作。

第三十三条 负责审核、审批、备案建设项目环境影响评价文件的部门在审批、备案中收取费用的，由其上级机关或者监察机关责令退还；情节严重的，对直接负责的主管人员和其他直接责任人员依法给予行政处分。

第三十四条 生态环境主管部门或者其他部门的工作人员徇私舞弊，滥用职权，玩忽职守，违法批准建设项目环境影响评价文件的，依法给予行政处分；构成犯罪的，依法追究刑事责任。

第五章 附 则

第三十五条 省、自治区、直辖市人民政府可以根据本地的实际情况，要求对本辖区的县级人民政府编制的规划进行环境影响评价。具体办法由省、自治区、直辖市参照本法第二章的规定制定。

第三十六条 军事设施建设项目的环境影响评价办法，由中央军事委员会依照本法的原则制定。

第三十七条 本法自2003年9月1日起施行。

中华人民共和国海域使用管理法

（2001年10月27日第九届全国人民代表大会常务委员会第二十四次会议通过 2001年10月27日中华人民共和国主席令第61号公布 自2002年1月1日起施行）

第一章 总 则

第一条 为了加强海域使用管理，维护国家海域所有权和海域使用权人的合法权益，促进海域的合理开发和可持续利用，制定本法。

第二条 本法所称海域，是指中华人民共和国内水、领海的水面、水体、海床和底土。

本法所称内水，是指中华人民共和国领海基线向陆地一侧至海岸线的海域。

在中华人民共和国内水、领海持续使用特定海域三个月以上的排他性用海活动，适用本法。

第三条 海域属于国家所有，国务院代表国家行使海域所有权。任何单位或者个人不得侵占、买卖或者以其他形式非法转让海域。

单位和个人使用海域，必须依法取得海域使用权。

第四条 国家实行海洋功能区划制度。海域使用必须符合海洋功能区划。

国家严格管理填海、围海等改变海域自然属性的用海活动。

第五条 国家建立海域使用管理信息系统，对海域使用状况实施监视、监测。

第六条 国家建立海域使用权登记制度，依法登记的海域使用权受法律保护。

国家建立海域使用统计制度，定期发布海域使用统计资料。

第七条 国务院海洋行政主管部门负责全国海域使用的监督管理。沿海县级以上地方人民政府海洋行政主管部门根据授权，负责本行政区毗邻海域使用的监督管理。

渔业行政主管部门依照《中华人民共和国渔业法》，对海洋渔业实施监督管理。

海事管理机构依照《中华人民共和国海上交通安全法》，对海上交通安全实施监督管理。

第八条 任何单位和个人都有遵守海域使用管理法律、法规的义务，并有权对违反海域使用管理法律、法规的行为提出检举和控告。

第九条 在保护和合理利用海域以及进行有关的科学研究等方面成绩显著的单位和个人，由人民政府给予奖励。

☞ **适用要点**

按照本条规定，对于海域的保护、合理利用以及科研成绩显著的单位和个人，由人民政府给予奖励。首先，并非任何参与海域的保护、合理利用以及科研的单位和个人都可以作为奖励对象，必须是成绩显著。其次，人民政府给予的奖励可以是物质层面的奖励，如奖金；也可以是精神层面的奖励，如授予荣誉称号等。

第二章 海洋功能区划

第十条 国务院海洋行政主管部门会同国务院有关部门和沿海省、自治区、直辖市人民政府，编制全国海洋功能区划。

沿海县级以上地方人民政府海洋行政主管部门会同本级人民政

府有关部门，依据上一级海洋功能区划，编制地方海洋功能区划。

第十一条 海洋功能区划按照下列原则编制：

（一）按照海域的区位、自然资源和自然环境等自然属性，科学确定海域功能；

（二）根据经济和社会发展的需要，统筹安排各有关行业用海；

（三）保护和改善生态环境，保障海域可持续利用，促进海洋经济的发展；

（四）保障海上交通安全；

（五）保障国防安全，保证军事用海需要。

第十二条 海洋功能区划实行分级审批。

全国海洋功能区划，报国务院批准。

沿海省、自治区、直辖市海洋功能区划，经该省、自治区、直辖市人民政府审核同意后，报国务院批准。

沿海市、县海洋功能区划，经该市、县人民政府审核同意后，报所在的省、自治区、直辖市人民政府批准，报国务院海洋行政主管部门备案。

第十三条 海洋功能区划的修改，由原编制机关会同同级有关部门提出修改方案，报原批准机关批准；未经批准，不得改变海洋功能区划确定的海域功能。

经国务院批准，因公共利益、国防安全或者进行大型能源、交通等基础设施建设，需要改变海洋功能区划的，根据国务院的批准文件修改海洋功能区划。

第十四条 海洋功能区划经批准后，应当向社会公布；但是，涉及国家秘密的部分除外。

第十五条 养殖、盐业、交通、旅游等行业规划涉及海域使用的，应当符合海洋功能区划。

沿海土地利用总体规划、城市规划、港口规划涉及海域使用的，应当与海洋功能区划相衔接。

第三章 海域使用的申请与审批

第十六条 单位和个人可以向县级以上人民政府海洋行政主管部门申请使用海域。

申请使用海域的，申请人应当提交下列书面材料：

（一）海域使用申请书；

（二）海域使用论证材料；

（三）相关的资信证明材料；

（四）法律、法规规定的其他书面材料。

第十七条 县级以上人民政府海洋行政主管部门依据海洋功能区划，对海域使用申请进行审核，并依照本法和省、自治区、直辖市人民政府的规定，报有批准权的人民政府批准。

海洋行政主管部门审核海域使用申请，应当征求同级有关部门的意见。

第十八条 下列项目用海，应当报国务院审批：

（一）填海五十公顷以上的项目用海；

（二）围海一百公顷以上的项目用海；

（三）不改变海域自然属性的用海七百公顷以上的项目用海；

（四）国家重大建设项目用海；

（五）国务院规定的其他项目用海。

前款规定以外的项目用海的审批权限，由国务院授权省、自治区、直辖市人民政府规定。

第四章 海域使用权

第十九条 海域使用申请经依法批准后，国务院批准用海的，由国务院海洋行政主管部门登记造册，向海域使用申请人颁发海域使用权证书；地方人民政府批准用海的，由地方人民政府登记造册，向海域使用申请人颁发海域使用权证书。海域使用申请人自领取海域使用权证书之日起，取得海域使用权。

第二十条 海域使用权除依照本法第十九条规定的方式取得外，也可以通过招标或者拍卖的方式取得。招标或者拍卖方案由海洋行政主管部门制订，报有审批权的人民政府批准后组织实施。海洋行政主管部门制订招标或者拍卖方案，应当征求同级有关部门的意见。

招标或者拍卖工作完成后，依法向中标人或者买受人颁发海域使用权证书。中标人或者买受人自领取海域使用权证书之日起，取得海域使用权。

第二十一条 颁发海域使用权证书，应当向社会公告。

颁发海域使用权证书，除依法收取海域使用金外，不得收取其他费用。

海域使用权证书的发放和管理办法，由国务院规定。

第二十二条 本法施行前，已经由农村集体经济组织或者村民委员会经营、管理的养殖用海，符合海洋功能区划的，经当地县级人民政府核准，可以将海域使用权确定给该农村集体经济组织或者村民委员会，由本集体经济组织的成员承包，用于养殖生产。

第二十三条 海域使用权人依法使用海域并获得收益的权利受法律保护，任何单位和个人不得侵犯。

海域使用权人有依法保护和合理使用海域的义务；海域使用权人对不妨害其依法使用海域的非排他性用海活动，不得阻挠。

第二十四条 海域使用权人在使用海域期间，未经依法批准，不得从事海洋基础测绘。

海域使用权人发现所使用海域的自然资源和自然条件发生重大变化时，应当及时报告海洋行政主管部门。

第二十五条 海域使用权最高期限，按照下列用途确定：

（一）养殖用海十五年；

（二）拆船用海二十年；

☞ **适用要点**

拆船用海，分为岸边拆船和水上拆船。岸边拆船，是指废船停靠拆船码头拆解、废船在船坞拆解以及废船冲滩拆解，但不包括海难事故中的船舶冲滩；水上拆船，是指对完全处于水上的废船进行拆解。

（三）旅游、娱乐用海二十五年；

（四）盐业、矿业用海三十年；

（五）公益事业用海四十年；

（六）港口、修造船厂等建设工程用海五十年。

第二十六条 海域使用权期限届满，海域使用权人需要继续使用海域的，应当至迟于期限届满前二个月向原批准用海的人民政府申请续期。除根据公共利益或者国家安全需要收回海域使用权的外，原批准用海的人民政府应当批准续期。准予续期的，海域使用权人应当依法缴纳续期的海域使用金。

第二十七条 因企业合并、分立或者与他人合资、合作经营，变更海域使用权人的，需经原批准用海的人民政府批准。

海域使用权可以依法转让。海域使用权转让的具体办法，由国务院规定。

海域使用权可以依法继承。

第二十八条 海域使用权人不得擅自改变经批准的海域用途；确需改变的，应当在符合海洋功能区划的前提下，报原批准用海的人民政府批准。

第二十九条 海域使用权期满，未申请续期或者申请续期未获批准的，海域使用权终止。

海域使用权终止后，原海域使用权人应当拆除可能造成海洋环境污染或者影响其他用海项目的用海设施和构筑物。

第三十条 因公共利益或者国家安全的需要，原批准用海的人民政府可以依法收回海域使用权。

依照前款规定在海域使用权期满前提前收回海域使用权的，对海域使用权人应当给予相应的补偿。

第三十一条 因海域使用权发生争议，当事人协商解决不成的，由县级以上人民政府海洋行政主管部门调解；当事人也可以直接向人民法院提起诉讼。

在海域使用权争议解决前，任何一方不得改变海域使用现状。

第三十二条 填海项目竣工后形成的土地，属于国家所有。

海域使用权人应当自填海项目竣工之日起三个月内，凭海域使用权证书，向县级以上人民政府土地行政主管部门提出土地登记申请，由县级以上人民政府登记造册，换发国有土地使用权证书，确认土地使用权。

第五章 海域使用金

第三十三条 国家实行海域有偿使用制度。

单位和个人使用海域，应当按照国务院的规定缴纳海域使用金。海域使用金应当按照国务院的规定上缴财政。

对渔民使用海域从事养殖活动收取海域使用金的具体实施步骤和办法，由国务院另行规定。

第三十四条 根据不同的用海性质或者情形，海域使用金可以按照规定一次缴纳或者按年度逐年缴纳。

第三十五条 下列用海，免缴海域使用金：

（一）军事用海；

（二）公务船舶专用码头用海；

（三）非经营性的航道、锚地等交通基础设施用海；

（四）教学、科研、防灾减灾、海难搜救打捞等非经营性公益事业用海。

第三十六条 下列用海，按照国务院财政部门和国务院海洋行政主管部门的规定，经有批准权的人民政府财政部门和海洋行政主管部门审查批准，可以减缴或者免缴海域使用金：

（一）公用设施用海；

（二）国家重大建设项目用海；

（三）养殖用海。

第六章 监督检查

第三十七条 县级以上人民政府海洋行政主管部门应当加强对海域使用的监督检查。

县级以上人民政府财政部门应当加强对海域使用金缴纳情况的监督检查。

第三十八条 海洋行政主管部门应当加强队伍建设，提高海域使用管理监督检查人员的政治、业务素质。海域使用管理监督检查人员必须秉公执法，忠于职守，清正廉洁，文明服务，并依法接受监督。

海洋行政主管部门及其工作人员不得参与和从事与海域使用有关的生产经营活动。

第三十九条 县级以上人民政府海洋行政主管部门履行监督检查职责时，有权采取下列措施：

（一）要求被检查单位或者个人提供海域使用的有关文件和资料；

（二）要求被检查单位或者个人就海域使用的有关问题作出说明；

（三）进入被检查单位或者个人占用的海域现场进行勘查；

（四）责令当事人停止正在进行的违法行为。

第四十条 海域使用管理监督检查人员履行监督检查职责时，应当出示有效执法证件。

有关单位和个人对海洋行政主管部门的监督检查应当予以配合，不得拒绝、妨碍监督检查人员依法执行公务。

第四十一条 依照法律规定行使海洋监督管理权的有关部门在海上执法时应当密切配合，互相支持，共同维护国家海域所有权和海域使用权人的合法权益。

第七章 法律责任

第四十二条 未经批准或者骗取批准，非法占用海域的，责令退还非法占用的海域，恢复海域原状，没收违法所得，并处非法占用海域期间内该海域面积应缴纳的海域使用金五倍以上十五倍以下的罚款；对未经批准或者骗取批准，进行围海、填海活动的，并处非法占用海域期间内该海域面积应缴纳的海域使用金十倍以上二十倍以下的罚款。

第四十三条 无权批准使用海域的单位非法批准使用海域的，超越批准权限非法批准使用海域的，或者不按海洋功能区划批准使用海域的，批准文件无效，收回非法使用的海域；对非法批准使用海域的直接负责的主管人员和其他直接责任人员，依法给予行政处分。

第四十四条 违反本法第二十三条规定，阻挠、妨害海域使用权人依法使用海域的，海域使用权人可以请求海洋行政主管部门排除妨害，也可以依法向人民法院提起诉讼；造成损失的，可以依法请求损害赔偿。

第四十五条 违反本法第二十六条规定，海域使用权期满，未办理有关手续仍继续使用海域的，责令限期办理，可以并处一万元以下的罚款；拒不办理的，以非法占用海域论处。

第四十六条 违反本法第二十八条规定，擅自改变海域用途的，责令限期改正，没收违法所得，并处非法改变海域用途的期间内该海域面积应缴纳的海域使用金五倍以上十五倍以下的罚款；对拒不改正的，由颁发海域使用权证书的人民政府注销海域使用权证书，收回海域使用权。

第四十七条 违反本法第二十九条第二款规定，海域使用权终止，原海域使用权人不按规定拆除用海设施和构筑物的，责令限期拆除；逾期拒不拆除的，处五万元以下的罚款，并由县级以上人民政府海洋行政主管部门委托有关单位代为拆除，所需费用由原海域使用权人承担。

第四十八条 违反本法规定，按年度逐年缴纳海域使用金的海域使用权人不按期缴纳海域使用金的，限期缴纳；在限期内仍拒不缴纳的，由颁发海域使用权证书的人民政府注销海域使用权证书，收回海域使用权。

第四十九条 违反本法规定，拒不接受海洋行政主管部门监督检查、不如实反映情况或者不提供有关资料的，责令限期改正，给予警告，可以并处二万元以下的罚款。

第五十条 本法规定的行政处罚，由县级以上人民政府海洋行政主管部门依据职权决定。但是，本法已对处罚机关作出规定的除外。

第五十一条 国务院海洋行政主管部门和县级以上地方人民政府违反本法规定颁发海域使用权证书，或者颁发海域使用权证书后不进行监督管理，或者发现违法行为不予查处的，对直接负责的主管人员和其他直接责任人员，依法给予行政处分；徇私舞弊、滥用职权或者玩忽职守构成犯罪的，依法追究刑事责任。

第八章　附　　则

第五十二条 在中华人民共和国内水、领海使用特定海域不足三个月，可能对国防安全、海上交通安全和其他用海活动造成重大影响的排他性用海活动，参照本法有关规定办理临时海域使用证。

第五十三条 军事用海的管理办法，由国务院、中央军事委员会依据本法制定。

第五十四条 本法自2002年1月1日起施行。

建设项目环境保护管理条例

（1998年11月29日中华人民共和国国务院令第253号发布 根据2017年7月16日《国务院关于修改〈建设项目环境保护管理条例〉的决定》修订）

第一章 总 则

第一条 为了防止建设项目产生新的污染、破坏生态环境，制定本条例。

第二条 在中华人民共和国领域和中华人民共和国管辖的其他海域内建设对环境有影响的建设项目，适用本条例。

第三条 建设产生污染的建设项目，必须遵守污染物排放的国家标准和地方标准；在实施重点污染物排放总量控制的区域内，还必须符合重点污染物排放总量控制的要求。

第四条 工业建设项目应当采用能耗物耗小、污染物产生量少的清洁生产工艺，合理利用自然资源，防止环境污染和生态破坏。

第五条 改建、扩建项目和技术改造项目必须采取措施，治理与该项目有关的原有环境污染和生态破坏。

第二章 环境影响评价

第六条 国家实行建设项目环境影响评价制度。

第七条 国家根据建设项目对环境的影响程度，按照下列规定对建设项目的环境保护实行分类管理：

（一）建设项目对环境可能造成重大影响的，应当编制环境影响报告书，对建设项目产生的污染和对环境的影响进行全面、详细的评价；

（二）建设项目对环境可能造成轻度影响的，应当编制环境影响报告表，对建设项目产生的污染和对环境的影响进行分析或者专项评价；

（三）建设项目对环境影响很小，不需要进行环境影响评价的，应当填报环境影响登记表。

建设项目环境影响评价分类管理名录，由国务院环境保护行政主管部门在组织专家进行论证和征求有关部门、行业协会、企事业单位、公众等意见的基础上制定并公布。

第八条 建设项目环境影响报告书，应当包括下列内容：

（一）建设项目概况；

（二）建设项目周围环境现状；

（三）建设项目对环境可能造成影响的分析和预测；

（四）环境保护措施及其经济、技术论证；

（五）环境影响经济损益分析；

（六）对建设项目实施环境监测的建议；

（七）环境影响评价结论。

建设项目环境影响报告表、环境影响登记表的内容和格式，由国务院环境保护行政主管部门规定。

第九条 依法应当编制环境影响报告书、环境影响报告表的建设项目，建设单位应当在开工建设前将环境影响报告书、环境影响报告表报有审批权的环境保护行政主管部门审批；建设项目的环境影响评价文件未依法经审批部门审查或者审查后未予批准的，建设单位不得开工建设。

环境保护行政主管部门审批环境影响报告书、环境影响报告表，应当重点审查建设项目的环境可行性、环境影响分析预测评估的可靠性、环境保护措施的有效性、环境影响评价结论的科学性等，并分别自收到环境影响报告书之日起60日内、收到环境影响报告表之日起30日内，作出审批决定并书面通知建设单位。

环境保护行政主管部门可以组织技术机构对建设项目环境影响报告书、环境影响报告表进行技术评估，并承担相应费用；技术机构应当对其提出的技术评估意见负责，不得向建设单位、从事环境影响评价工作的单位收取任何费用。

依法应当填报环境影响登记表的建设项目，建设单位应当按照国务院环境保护行政主管部门的规定将环境影响登记表报建设项目所在地县级环境保护行政主管部门备案。

环境保护行政主管部门应当开展环境影响评价文件网上审批、备案和信息公开。

第十条 国务院环境保护行政主管部门负责审批下列建设项目环境影响报告书、环境影响报告表：

（一）核设施、绝密工程等特殊性质的建设项目；

（二）跨省、自治区、直辖市行政区域的建设项目；

（三）国务院审批的或者国务院授权有关部门审批的建设项目。

前款规定以外的建设项目环境影响报告书、环境影响报告表的审批权限，由省、自治区、直辖市人民政府规定。

建设项目造成跨行政区域环境影响，有关环境保护行政主管部门对环境影响评价结论有争议的，其环境影响报告书或者环境影响报告表由共同上一级环境保护行政主管部门审批。

第十一条 建设项目有下列情形之一的，环境保护行政主管部门应当对环境影响报告书、环境影响报告表作出不予批准的决定：

（一）建设项目类型及其选址、布局、规模等不符合环境保护法律法规和相关法定规划；

（二）所在区域环境质量未达到国家或者地方环境质量标准，且建设项目拟采取的措施不能满足区域环境质量改善目标管理要求；

（三）建设项目采取的污染防治措施无法确保污染物排放达到国家和地方排放标准，或者未采取必要措施预防和控制生态破坏；

（四）改建、扩建和技术改造项目，未针对项目原有环境污染和生态破坏提出有效防治措施；

（五）建设项目的环境影响报告书、环境影响报告表的基础资料数据明显不实，内容存在重大缺陷、遗漏，或者环境影响评价结论不明确、不合理。

第十二条 建设项目环境影响报告书、环境影响报告表经批准后，建设项目的性质、规模、地点、采用的生产工艺或者防治污染、防止生态破坏的措施发生重大变动的，建设单位应当重新报批建设项目环境影响报告书、环境影响报告表。

建设项目环境影响报告书、环境影响报告表自批准之日起满5年，建设项目方开工建设的，其环境影响报告书、环境影响报告表应当报原审批部门重新审核。原审批部门应当自收到建设项目环境影响报告书、环境影响报告表之日起10日内，将审核意见书面通知建设单位；逾期未通知的，视为审核同意。

审核、审批建设项目环境影响报告书、环境影响报告表及备案环境影响登记表，不得收取任何费用。

第十三条 建设单位可以采取公开招标的方式，选择从事环境影响评价工作的单位，对建设项目进行环境影响评价。

任何行政机关不得为建设单位指定从事环境影响评价工作的单位，进行环境影响评价。

第十四条 建设单位编制环境影响报告书，应当依照有关法律规定，征求建设项目所在地有关单位和居民的意见。

第三章 环境保护设施建设

第十五条 建设项目需要配套建设的环境保护设施，必须与主体工程同时设计、同时施工、同时投产使用。

第十六条 建设项目的初步设计，应当按照环境保护设计规范的要求，编制环境保护篇章，落实防治环境污染和生态破坏的措施以及环境保护设施投资概算。

建设单位应当将环境保护设施建设纳入施工合同，保证环境保护设施建设进度和资金，并在项目建设过程中同时组织实施环境影响报告书、环境影响报告表及其审批部门审批决定中提出的环境保护对策措施。

第十七条 编制环境影响报告书、环境影响报告表的建设项目竣工后，建设单位应当按照国务院环境保护行政主管部门规定的标准和程序，对配套建设的环境保护设施进行验收，编制验收报告。

建设单位在环境保护设施验收过程中，应当如实查验、监测、记载建设项目环境保护设施的建设和调试情况，不得弄虚作假。

除按照国家规定需要保密的情形外，建设单位应当依法向社会公开验收报告。

第十八条 分期建设、分期投入生产或者使用的建设项目，其相应的环境保护设施应当分期验收。

第十九条 编制环境影响报告书、环境影响报告表的建设项目，其配套建设的环境保护设施经验收合格，方可投入生产或者使用；未经验收或者验收不合格的，不得投入生产或者使用。

前款规定的建设项目投入生产或者使用后，应当按照国务院环境保护行政主管部门的规定开展环境影响后评价。

第二十条 环境保护行政主管部门应当对建设项目环境保护设施设计、施工、验收、投入生产或者使用情况，以及有关环境影响评价文件确定的其他环境保护措施的落实情况，进行监督检查。

环境保护行政主管部门应当将建设项目有关环境违法信息记入社会诚信档案，及时向社会公开违法者名单。

第四章 法律责任

第二十一条 建设单位有下列行为之一的，依照《中华人民共和国环境影响评价法》的规定处罚：

（一）建设项目环境影响报告书、环境影响报告表未依法报批或者报请重新审核，擅自开工建设；

（二）建设项目环境影响报告书、环境影响报告表未经批准或者重新审核同意，擅自开工建设；

（三）建设项目环境影响登记表未依法备案。

☞ **适用要点**

《中华人民共和国环境影响评价法》第三十一条对此作出了规定。

第一，设项目环境影响报告书、环境影响报告表未依法报批或者报请重新审核，擅自开工建设。由县级以上生态环境主管部门责令停止建设，根据违法情节和危害后果，处建设项目总投资额百分之一以上百分之五以下的罚款，并可以责令恢复原状；对建设单位直接负责的主管人员和其他直接责任人员，依法给予行政处分。

第二，建设项目环境影响报告书、环境影响报告表未经批准或者重新审核同意，擅自开工建设。由县级以上生态环境主管部门责令停止建设，根据违法情节和危害后果，处建设项目总投资额百分之一以上百分之五以下的罚款，并可以责令恢复原状；对建设单位直接负责的主管人员和其他直接责任人员，依法给予行政处分。

第三，建设项目环境影响登记表未依法备案，由县级以上生态环境主管部门责令备案，处5万元以下的罚款。

第二十二条 违反本条例规定，建设单位编制建设项目初步设计未落实防治环境污染和生态破坏的措施以及环境保护设施投资概算，未将环境保护设施建设纳入施工合同，或者未依法开展环境影响后评价的，由建设项目所在地县级以上环境保护行政主管部门责令限期改正，处 5 万元以上 20 万元以下的罚款；逾期不改正的，处 20 万元以上 100 万元以下的罚款。

违反本条例规定，建设单位在项目建设过程中未同时组织实施环境影响报告书、环境影响报告表及其审批部门审批决定中提出的环境保护对策措施的，由建设项目所在地县级以上环境保护行政主管部门责令限期改正，处 20 万元以上 100 万元以下的罚款；逾期不改正的，责令停止建设。

第二十三条 违反本条例规定，需要配套建设的环境保护设施未建成、未经验收或者验收不合格，建设项目即投入生产或者使用，或者在环境保护设施验收中弄虚作假的，由县级以上环境保护行政主管部门责令限期改正，处 20 万元以上 100 万元以下的罚款；逾期不改正的，处 100 万元以上 200 万元以下的罚款；对直接负责的主管人员和其他责任人员，处 5 万元以上 20 万元以下的罚款；造成重大环境污染或者生态破坏的，责令停止生产或者使用，或者报经有批准权的人民政府批准，责令关闭。

违反本条例规定，建设单位未依法向社会公开环境保护设施验收报告的，由县级以上环境保护行政主管部门责令公开，处 5 万元以上 20 万元以下的罚款，并予以公告。

第二十四条 违反本条例规定，技术机构向建设单位、从事环境影响评价工作的单位收取费用的，由县级以上环境保护行政主管部门责令退还所收费用，处所收费用 1 倍以上 3 倍以下的罚款。

第二十五条 从事建设项目环境影响评价工作的单位，在环境影响评价工作中弄虚作假的，由县级以上环境保护行政主管部门处所收费用 1 倍以上 3 倍以下的罚款。

☞ **适用要点**

《中华人民共和国环境影响评价法》较本条有几点不同。

第一，扩大了适用条件。除弄虚作假外，将环境影响评价文件内容存在重大缺陷、遗漏，结论不正确或者不合理等也纳入了处罚之列。

第二，监管部门由“县级以上环境保护行政主管部门”改为“设区的市级以上人民政府生态环境主管部门”。

第三，处罚由“所收费用1倍以上3倍以下的罚款”改为“所收费用三倍以上五倍以下的罚款；情节严重的，禁止从事环境影响报告书、环境影响报告表编制工作；有违法所得的，没收违法所得”。

第四，强化了对于编制单位的监管力度。违反本条规定的编制主持人和主要编制人员五年内禁止从事环境影响报告书、环境影响报告表编制工作；构成犯罪的，终身禁止从事环境影响报告书、环境影响报告表编制工作。

第二十六条 环境保护行政主管部门的工作人员徇私舞弊、滥用职权、玩忽职守，构成犯罪的，依法追究刑事责任；尚不构成犯罪的，依法给予行政处分。

第五章 附 则

第二十七条 流域开发、开发区建设、城市新区建设和旧区改建等区域性开发，编制建设规划时，应当进行环境影响评价。具体办法由国务院环境保护行政主管部门会同国务院有关部门另行规定。

第二十八条 海洋工程建设项目的环境保护管理，按照国务院关于海洋工程环境保护管理的规定执行。

☞ **适用要点**

国务院制定海洋工程建设项目管理的法律规范有《防治海洋工程建设项目污染损害海洋环境管理条例》《铺设海底电缆管道管理规定》《中华人民共和国海洋石油勘探开发环境保护管理条例》等。

第二十九条 军事设施建设项目的环境保护管理，按照中央军事委员会的有关规定执行。

第三十条 本条例自发布之日起施行。

中华人民共和国防治海岸工程建设项目污染损害海洋环境管理条例

（1990年6月25日中华人民共和国国务院令第62号公布　根据2007年9月25日《国务院关于修改〈中华人民共和国防治海岸工程建设项目污染损害海洋环境管理条例〉的决定》第一次修订　根据2017年3月1日《国务院关于修改和废止部分行政法规的决定》第二次修订　根据2018年3月19日《国务院关于修改和废止部分行政法规的决定》第三次修订）

第一条　为加强海岸工程建设项目的环境保护管理，严格控制新的污染，保护和改善海洋环境，根据《中华人民共和国海洋环境保护法》，制定本条例。

第二条　本条例所称海岸工程建设项目，是指位于海岸或者与海岸连接，工程主体位于海岸线向陆一侧，对海洋环境产生影响的新建、改建、扩建工程项目。具体包括：

（一）港口、码头、航道、滨海机场工程项目；

（二）造船厂、修船厂；

（三）滨海火电站、核电站、风电站；

（四）滨海物资存储设施工程项目；

（五）滨海矿山、化工、轻工、冶金等工业工程项目；

（六）固体废弃物、污水等污染物处理处置排海工程项目；

（七）滨海大型养殖场；

（八）海岸防护工程、砂石场和入海河口处的水利设施；

（九）滨海石油勘探开发工程项目；

（十）国务院环境保护主管部门会同国家海洋主管部门规定的其他海岸工程项目。

第三条 本条例适用于在中华人民共和国境内兴建海岸工程建设项目的一切单位和个人。

拆船厂建设项目的环境保护管理，依照《防止拆船污染环境管理条例》执行。

☞ **适用要点**

《防止拆船污染环境管理条例》有关海洋垃圾的内容，主要有：第五条规定了拆船厂选址；第六条规定了环境影响评价文件的审批；第八条规定了对严重污染环境的拆船单位的限期治理；第十条规定了必须配备或者设置防止拆船污染必需的拦油装置、废油接收设备、含油污水接收处理设施或者设备、废弃物回收处置场等必要设备方可拆解；第十一条规定了拆解前的准备工作；第十四条规定了不可投弃船舶废弃物；第十五条规定了污染事故报告义务；第十六条规定了遗留物清理。

第四条 建设海岸工程建设项目，应当符合所在经济区的区域环境保护规划的要求。

第五条 国务院环境保护主管部门，主管全国海岸工程建设项目的环境保护工作。

沿海县级以上地方人民政府环境保护主管部门，主管本行政区域内的海岸工程建设项目的环境保护工作。

第六条 新建、改建、扩建海岸工程建设项目，应当遵守国家有关建设项目环境保护管理的规定。

第七条 海岸工程建设项目的建设单位，应当依法编制环境影响报告书（表），报环境保护主管部门审批。

环境保护主管部门在批准海岸工程建设项目的环境影响报告书（表）之前，应当征求海洋、海事、渔业主管部门和军队环境保护部门的意见。

禁止在天然港湾有航运价值的区域、重要苗种基地和养殖场所及水面、滩涂中的鱼、虾、蟹、贝、藻类的自然产卵场、繁殖场、索饵场及重要的洄游通道围海造地。

第八条 海岸工程建设项目环境影响报告书的内容，除按有关规定编制外，还应当包括：

（一）所在地及其附近海域的环境状况；

（二）建设过程中和建成后可能对海洋环境造成的影响；

（三）海洋环境保护措施及其技术、经济可行性论证结论；

（四）建设项目海洋环境影响评价结论。

海岸工程建设项目环境影响报告表，应当参照前款规定填报。

第九条 禁止兴建向中华人民共和国海域及海岸转嫁污染的中外合资经营企业、中外合作经营企业和外资企业；海岸工程建设项目引进技术和设备，应当有相应的防治污染措施，防止转嫁污染。

第十条 在海洋特别保护区、海上自然保护区、海滨风景游览区、盐场保护区、海水浴场、重要渔业水域和其他需要特殊保护的区域内不得建设污染环境、破坏景观的海岸工程建设项目；在其区域外建设海岸工程建设项目的，不得损害上述区域的环境质量。法律法规另有规定的除外。

第十一条 海岸工程建设项目竣工验收时，建设项目的环境保护设施经验收合格后，该建设项目方可正式投入生产或者使用。

第十二条 县级以上人民政府环境保护主管部门，按照项目管理权限，可以会同有关部门对海岸工程建设项目进行现场检查，被检查者应当如实反映情况、提供资料。检查者有责任为被检查者保守技术秘密和业务秘密。法律法规另有规定的除外。

第十三条 设置向海域排放废水设施的，应当合理利用海水自净能力，选择好排污口的位置。采用暗沟或者管道方式排放的，出水管口位置应当在低潮线以下。

第十四条 建设港口、码头，应当设置与其吞吐能力和货物种类相适应的防污设施。

港口、油码头、化学危险品码头，应当配备海上重大污染损害事故应急设备和器材。

现有港口、码头未达到前两款规定要求的，由环境保护主管部门会同港口、码头主管部门责令其限期设置或者配备。

第十五条 建设岸边造船厂、修船厂，应当设置与其性质、规模相适应的残油、废油接收处理设施，含油废水接收处理设施，拦油、收油、消油设施，工业废水接收处理设施，工业和船舶垃圾接收处理设施等。

第十六条 建设滨海核电站和其他核设施，应当严格遵守国家有关核环境保护和放射防护的规定及标准。

第十七条 建设岸边油库，应当设置含油废水接收处理设施，库场地面冲刷废水的集接、处理设施和事故应急设施；输油管线和储油设施应当符合国家关于防渗漏、防腐蚀的规定。

第十八条 建设滨海矿山，在开采、选矿、运输、贮存、冶炼和尾矿处理等过程中，应当按照有关规定采取防止污染损害海洋环境的措施。

第十九条 建设滨海垃圾场或者工业废渣填埋场，应当建造防护堤坝和场底封闭层，设置渗液收集、导出、处理系统和可燃性气体防爆装置。

第二十条 修筑海岸防护工程，在入海河口处兴建水利设施、航道或者综合整治工程，应当采取措施，不得损害生态环境及水产资源。

第二十一条 兴建海岸工程建设项目，不得改变、破坏国家和地方重点保护的野生动植物的生存环境。不得兴建可能导致重点保护的野生动植物生存环境污染和破坏的海岸工程建设项目；确需兴建的，应当征得野生动植物行政主管部门同意，并由建设单位负责组织采取易地繁育等措施，保证物种延续。

在鱼、虾、蟹、贝类的洄游通道建闸、筑坝，对渔业资源有严重影响的，建设单位应当建造过鱼设施或者采取其他补救措施。

第二十二条 集体所有制单位或者个人在全民所有的水域、海涂，建设构不成基本建设项目的养殖工程的，应当在县级以上地方人民政府规划的区域内进行。

集体所有制单位或者个人零星经营性采挖砂石，应当在县级以上地方人民政府指定的区域内采挖。

第二十三条 禁止在红树林和珊瑚礁生长的地区，建设毁坏红树林和珊瑚礁生态系统的海岸工程建设项目。

第二十四条 兴建海岸工程建设项目，应当防止导致海岸非正常侵蚀。

禁止在海岸保护设施管理部门规定的海岸保护设施的保护范围内从事爆破、采挖砂石、取土等危害海岸保护设施安全的活动。非经国务院授权的有关主管部门批准，不得占用或者拆除海岸保护设施。

第二十五条 未持有经审核和批准的环境影响报告书（表），兴建海岸工程建设项目的，依照《中华人民共和国海洋环境保护法》第七十九条的规定予以处罚。

☞ **适用要点**

《中华人民共和国海洋环境保护法》第七十九条规定，海岸工程建设项目未依法进行环境影响评价的，依照《中华人民共和国环境影响评价法》的规定处理。

《中华人民共和国环境影响评价法》第三十一条对此作出了规定。第一，建设单位未依法报批建设项目环境影响报告书、报告表，擅自开工建设的，由县级以上生态环境主管部门责令停止建设，根据违法情节和危害后果，处建设项目总投资额百分之一以上百分之五以下的罚款，并可以责令恢复原状；对建设单位直接负责的主管人员和其他直接责任人员，依法给予行政处分。

第二，建设项目的环境影响评价文件经批准后，建设项目的性质、规模、地点、采用的生产工艺或者防治污染、防止生态破坏的措施发生重大变动的，未重新报批环境影响报告书、报告表，擅自开工建设的，由县级以上生态环境主管部门责令停止建设，根据违法情节和危害后果，处建设项目总投资额百分之一以上百分之五以下的罚款，并可以责令恢复原状；对建设单位直接负责的主管人员和其他直接责任人员，依法给予行政处分。

第三，建设项目的环境影响评价文件自批准之日起超过五年，方决定该项目开工建设的，建设单位未报请重新审核环境影响报告书、报告表，擅自开工建设的，由县级以上生态环境主管部门责令停止建设，根据违法情节和危害后果，处建设项目总投资额百分之一以上百分之五以下的罚款，并可以责令恢复原状；对建设单位直接负责的主管人员和其他直接责任人员，依法给予行政处分。

第四，建设项目环境影响报告书、报告表未经批准或者未经原审批部门重新审核同意，建设单位擅自开工建设的，由县级以上生态环境主管部门责令停止建设，根据违法情节和危害后果，处建设项目总投资额百分之一以上百分之五以下的罚款，并可以责令恢复原状；对建设单位直接负责的主管人员和其他直接责任人员，依法给予行政处分。

第二十六条 拒绝、阻挠环境保护主管部门进行现场检查，或者在被检查时弄虚作假的，由县级以上人民政府环境保护主管部门依照《中华人民共和国海洋环境保护法》第七十五条的规定予以处罚。

☞ 适用要点

《中华人民共和国海洋环境保护法》第七十五条规定，拒绝现场检查，或者在被检查时弄虚作假的，由依照本法规定行使海洋环境监督管理权的部门予以警告，并处2万元以下的罚款。

第二十七条 海岸工程建设项目的环境保护设施未建成或者未达到规定要求，该项目即投入生产、使用的，依照《中华人民共和国海洋环境保护法》第八十条的规定予以处罚。

☞ **适用要点**

《中华人民共和国海洋环境保护法》第八十条规定，海岸工程建设项目未建成环境保护设施，或者环境保护设施未达到规定要求即投入生产、使用的，由环境保护行政主管部门责令其停止生产或者使用，并处2万元以上10万元以下的罚款。

第二十八条 环境保护主管部门工作人员滥用职权、玩忽职守、徇私舞弊的，由其所在单位或者上级主管机关给予行政处分；构成犯罪的，依法追究刑事责任。

第二十九条 本条例自1990年8月1日起施行。

防治海洋工程建设项目污染损害海洋环境管理条例

（2006年9月19日中华人民共和国国务院令第475号公布 根据2017年3月1日《国务院关于修改和废止部分行政法规的决定》第一次修订 根据2018年3月19日《国务院关于修改和废止部分行政法规的决定》第二次修订）

第一章 总 则

第一条 为了防治和减轻海洋工程建设项目（以下简称海洋工程）污染损害海洋环境，维护海洋生态平衡，保护海洋资源，根据《中华人民共和国海洋环境保护法》，制定本条例。

第二条 在中华人民共和国管辖海域内从事海洋工程污染损害海洋环境防治活动，适用本条例。

第三条 本条例所称海洋工程，是指以开发、利用、保护、恢复海洋资源为目的，并且工程主体位于海岸线向海一侧的新建、改建、扩建工程。具体包括：

（一）围填海、海上堤坝工程；

（二）人工岛、海上和海底物资储藏设施、跨海桥梁、海底隧道工程；

（三）海底管道、海底电（光）缆工程；

（四）海洋矿产资源勘探开发及其附属工程；

（五）海上潮汐电站、波浪电站、温差电站等海洋能源开发利用工程；

（六）大型海水养殖场、人工鱼礁工程；

（七）盐田、海水淡化等海水综合利用工程；

（八）海上娱乐及运动、景观开发工程；

（九）国家海洋主管部门会同国务院环境保护主管部门规定的其他海洋工程。

第四条 国家海洋主管部门负责全国海洋工程环境保护工作的监督管理，并接受国务院环境保护主管部门的指导、协调和监督。沿海县级以上地方人民政府海洋主管部门负责本行政区域毗邻海域海洋工程环境保护工作的监督管理。

第五条 海洋工程的选址和建设应当符合海洋功能区划、海洋环境保护规划和国家有关环境保护标准，不得影响海洋功能区的环境质量或者损害相邻海域的功能。

第六条 国家海洋主管部门根据国家重点海域污染物排海总量控制指标，分配重点海域海洋工程污染物排海控制数量。

第七条 任何单位和个人对海洋工程污染损害海洋环境、破坏海洋生态等违法行为，都有权向海洋主管部门进行举报。

接到举报的海洋主管部门应当依法进行调查处理，并为举报人保密。

第二章　环境影响评价

第八条　国家实行海洋工程环境影响评价制度。

海洋工程的环境影响评价，应当以工程对海洋环境和海洋资源的影响为重点进行综合分析、预测和评估，并提出相应的生态保护措施，预防、控制或者减轻工程对海洋环境和海洋资源造成的影响和破坏。

海洋工程环境影响报告书应当依据海洋工程环境影响评价技术标准及其他相关环境保护标准编制。编制环境影响报告书应当使用符合国家海洋主管部门要求的调查、监测资料。

第九条　海洋工程环境影响报告书应当包括下列内容：

（一）工程概况；

（二）工程所在海域环境现状和相邻海域开发利用情况；

（三）工程对海洋环境和海洋资源可能造成影响的分析、预测和评估；

（四）工程对相邻海域功能和其他开发利用活动影响的分析及预测；

（五）工程对海洋环境影响的经济损益分析和环境风险分析；

（六）拟采取的环境保护措施及其经济、技术论证；

（七）公众参与情况；

（八）环境影响评价结论。

海洋工程可能对海岸生态环境产生破坏的，其环境影响报告书中应当增加工程对近岸自然保护区等陆地生态系统影响的分析和评价。

第十条　新建、改建、扩建海洋工程的建设单位，应当编制环境影响报告书，报有核准权的海洋主管部门核准。

海洋主管部门在核准海洋工程环境影响报告书前，应当征求海事、渔业主管部门和军队环境保护部门的意见；必要时，可以举行听证会。其中，围填海工程必须举行听证会。

第十一条 下列海洋工程的环境影响报告书，由国家海洋主管部门核准：

（一）涉及国家海洋权益、国防安全等特殊性质的工程；

（二）海洋矿产资源勘探开发及其附属工程；

（三）50 公顷以上的填海工程，100 公顷以上的围海工程；

（四）潮汐电站、波浪电站、温差电站等海洋能源开发利用工程；

（五）由国务院或者国务院有关部门审批的海洋工程。

前款规定以外的海洋工程的环境影响报告书，由沿海县级以上地方人民政府海洋主管部门根据沿海省、自治区、直辖市人民政府规定的权限核准。

海洋工程可能造成跨区域环境影响并且有关海洋主管部门对环境影响评价结论有争议的，该工程的环境影响报告书由其共同的上一级海洋主管部门核准。

第十二条 海洋主管部门应当自收到海洋工程环境影响报告书之日起 60 个工作日内，作出是否核准的决定，书面通知建设单位。

需要补充材料的，应当及时通知建设单位，核准期限从材料补齐之日起重新计算。

第十三条 海洋工程环境影响报告书核准后，工程的性质、规模、地点、生产工艺或者拟采取的环境保护措施等发生重大改变的，建设单位应当重新编制环境影响报告书，报原核准该工程环境影响报告书的海洋主管部门核准；海洋工程自环境影响报告书核准之日起超过 5 年方开工建设的，应当在工程开工建设前，将该工程的环境影响报告书报原核准该工程环境影响报告书的海洋主管部门重新核准。

第十四条 建设单位可以采取招标方式确定海洋工程的环境影

响评价单位。其他任何单位和个人不得为海洋工程指定环境影响评价单位。

第三章　海洋工程的污染防治

第十五条　海洋工程的环境保护设施应当与主体工程同时设计、同时施工、同时投产使用。

第十六条　海洋工程的初步设计，应当按照环境保护设计规范和经核准的环境影响报告书的要求，编制环境保护篇章，落实环境保护措施和环境保护投资概算。

第十七条　建设单位应当在海洋工程投入运行之日 30 个工作日前，向原核准该工程环境影响报告书的海洋主管部门申请环境保护设施的验收；海洋工程投入试运行的，应当自该工程投入试运行之日起 60 个工作日内，向原核准该工程环境影响报告书的海洋主管部门申请环境保护设施的验收。

分期建设、分期投入运行的海洋工程，其相应的环境保护设施应当分期验收。

第十八条　海洋主管部门应当自收到环境保护设施验收申请之日起 30 个工作日内完成验收；验收不合格的，应当限期整改。

海洋工程需要配套建设的环境保护设施未经海洋主管部门验收或者经验收不合格的，该工程不得投入运行。

建设单位不得擅自拆除或者闲置海洋工程的环境保护设施。

第十九条　海洋工程在建设、运行过程中产生不符合经核准的环境影响报告书的情形的，建设单位应当自该情形出现之日起 20 个工作日内组织环境影响的后评价，根据后评价结论采取改进措施，并将后评价结论和采取的改进措施报原核准该工程环境影响报告书的海洋主管部门备案；原核准该工程环境影响报告书的海洋主管部门也可以责成建设单位进行环境影响的后评价，采取改进措施。

第二十条 严格控制围填海工程。禁止在经济生物的自然产卵场、繁殖场、索饵场和鸟类栖息地进行围填海活动。

围填海工程使用的填充材料应当符合有关环境保护标准。

第二十一条 建设海洋工程，不得造成领海基点及其周围环境的侵蚀、淤积和损害，危及领海基点的稳定。

进行海上堤坝、跨海桥梁、海上娱乐及运动、景观开发工程建设的，应当采取有效措施防止对海岸的侵蚀或者淤积。

第二十二条 污水离岸排放工程排污口的设置应当符合海洋功能区划和海洋环境保护规划，不得损害相邻海域的功能。

污水离岸排放不得超过国家或者地方规定的排放标准。在实行污染物排海总量控制的海域，不得超过污染物排海总量控制指标。

第二十三条 从事海水养殖的养殖者，应当采取科学的养殖方式，减少养殖饵料对海洋环境的污染。因养殖污染海域或者严重破坏海洋景观的，养殖者应当予以恢复和整治。

第二十四条 建设单位在海洋固体矿产资源勘探开发工程的建设、运行过程中，应当采取有效措施，防止污染物大范围悬浮扩散，破坏海洋环境。

第二十五条 海洋油气矿产资源勘探开发作业中应当配备油水分离设施、含油污水处理设备、排油监控装置、残油和废油回收设施、垃圾粉碎设备。

海洋油气矿产资源勘探开发作业中所使用的固定式平台、移动式平台、浮式储油装置、输油管线及其他辅助设施，应当符合防渗、防漏、防腐蚀的要求；作业单位应当经常检查，防止发生漏油事故。

前款所称固定式平台和移动式平台，是指海洋油气矿产资源勘探开发作业中所使用的钻井船、钻井平台、采油平台和其他平台。

第二十六条 海洋油气矿产资源勘探开发单位应当办理有关污染损害民事责任保险。

第二十七条 海洋工程建设过程中需要进行海上爆破作业的，

建设单位应当在爆破作业前报告海洋主管部门，海洋主管部门应当及时通报海事、渔业等有关部门。

进行海上爆破作业，应当设置明显的标志、信号，并采取有效措施保护海洋资源。在重要渔业水域进行炸药爆破作业或者进行其他可能对渔业资源造成损害的作业活动的，应当避开主要经济类鱼虾的产卵期。

第二十八条 海洋工程需要拆除或者改作他用的，应当在作业前报原核准该工程环境影响报告书的海洋主管部门备案。拆除或者改变用途后可能产生重大环境影响的，应当进行环境影响评价。

海洋工程需要在海上弃置的，应当拆除可能造成海洋环境污染损害或者影响海洋资源开发利用的部分，并按照有关海洋倾倒废弃物管理的规定进行。

海洋工程拆除时，施工单位应当编制拆除的环境保护方案，采取必要的措施，防止对海洋环境造成污染和损害。

第四章 污染物排放管理

第二十九条 海洋油气矿产资源勘探开发作业中产生的污染物的处置，应当遵守下列规定：

（一）含油污水不得直接或者经稀释排放入海，应当经处理符合国家有关排放标准后再排放；

（二）塑料制品、残油、废油、油基泥浆、含油垃圾和其他有毒有害残液残渣，不得直接排放或者弃置入海，应当集中储存在专门容器中，运回陆地处理。

第三十条 严格控制向水基泥浆中添加油类，确需添加的，应当如实记录并向原核准该工程环境影响报告书的海洋主管部门报告添加油的种类和数量。禁止向海域排放含油量超过国家规定标准的水基泥浆和钻屑。

第三十一条 建设单位在海洋工程试运行或者正式投入运行后，应当如实记录污染物排放设施、处理设备的运转情况及其污染物的排放、处置情况，并按照国家海洋主管部门的规定，定期向原核准该工程环境影响报告书的海洋主管部门报告。

第三十二条 县级以上人民政府海洋主管部门，应当按照各自的权限核定海洋工程排放污染物的种类、数量，根据国务院价格主管部门和财政部门制定的收费标准确定排污者应当缴纳的排污费数额。

排污者应当到指定的商业银行缴纳排污费。

第三十三条 海洋油气矿产资源勘探开发作业中应当安装污染物流量自动监控仪器，对生产污水、机舱污水和生活污水的排放进行计量。

第三十四条 禁止向海域排放油类、酸液、碱液、剧毒废液和高、中水平放射性废水；严格限制向海域排放低水平放射性废水，确需排放的，应当符合国家放射性污染防治标准。

严格限制向大气排放含有毒物质的气体，确需排放的，应当经过净化处理，并不得超过国家或者地方规定的排放标准；向大气排放含放射性物质的气体，应当符合国家放射性污染防治标准。

严格控制向海域排放含有不易降解的有机物和重金属的废水；其他污染物的排放应当符合国家或者地方标准。

第三十五条 海洋工程排污费全额纳入财政预算，实行“收支两条线”管理，并全部专项用于海洋环境污染防治。具体办法由国务院财政部门会同国家海洋主管部门制定。

第五章 污染事故的预防和处理

第三十六条 建设单位应当在海洋工程正式投入运行前制定防治海洋工程污染损害海洋环境的应急预案，报原核准该工程环境影响报告书的海洋主管部门和有关主管部门备案。

第三十七条 防治海洋工程污染损害海洋环境的应急预案应当包括以下内容：

（一）工程及其相邻海域的环境、资源状况；

（二）污染事故风险分析；

（三）应急设施的配备；

（四）污染事故的处理方案。

第三十八条 海洋工程在建设、运行期间，由于发生事故或者其他突发性事件，造成或者可能造成海洋环境污染事故时，建设单位应当立即向可能受到污染的沿海县级以上地方人民政府海洋主管部门或者其他有关主管部门报告，并采取有效措施，减轻或者消除污染，同时通报可能受到危害的单位和个人。

沿海县级以上地方人民政府海洋主管部门或者其他有关主管部门接到报告后，应当按照污染事故分级规定及时向县级以上人民政府和上级有关主管部门报告。县级以上人民政府和有关主管部门应当按照各自的职责，立即派人赶赴现场，采取有效措施，消除或者减轻危害，对污染事故进行调查处理。

第三十九条 在海洋自然保护区内进行海洋工程建设活动，应当按照国家有关海洋自然保护区的规定执行。

☞ **适用要点**

《中华人民共和国海洋环境保护法》《中华人民共和国自然保护区条例》《海洋自然保护区管理办法》等对于在海洋自然保护区内工程建设活动作出了规定。例如，依照《中华人民共和国海洋环境保护法》第二十条第一款的规定，国务院和沿海地方各级人民政府应当采取有效措施，保护红树林、珊瑚礁、滨海湿地、海岛、海湾、入海河口、重要渔业水域等具有典型性、代表性的海洋生态系统，珍稀、濒危海洋生物的天然集中分布区，具有重要经济价值的海洋生物生存区域及有重大科学文化价值的海洋自然历史遗迹和自然景观。第七十六条规定，造成珊瑚礁、红树林等海洋生态系统及海洋水产资源、海洋保护区破坏的，由依照《中华人民共和国海洋环境保护法》行使海洋环境监督管理权的部门责令限期改正和采取补救措施，并处1万元以上10万元以下的罚款；有违法所得的，没收其违法所得。

第六章 监督检查

第四十条 县级以上人民政府海洋主管部门负责海洋工程污染损害海洋环境防治的监督检查，对违反海洋污染防治法律、法规的行为进行查处。

县级以上人民政府海洋主管部门的监督检查人员应当严格按照法律、法规规定的程序和权限进行监督检查。

第四十一条 县级以上人民政府海洋主管部门依法对海洋工程进行现场检查时，有权采取下列措施：

（一）要求被检查单位或者个人提供与环境保护有关的文件、证件、数据以及技术资料等，进行查阅或者复制；

（二）要求被检查单位负责人或者相关人员就有关问题作出说明；

（三）进入被检查单位的工作现场进行监测、勘查、取样检验、拍照、摄像；

（四）检查各项环境保护设施、设备和器材的安装、运行情况；

（五）责令违法者停止违法活动，接受调查处理；

（六）要求违法者采取有效措施，防止污染事态扩大。

第四十二条 县级以上人民政府海洋主管部门的监督检查人员进行现场执法检查时，应当出示规定的执法证件。用于执法检查、巡航监视的公务飞机、船舶和车辆应当有明显的执法标志。

第四十三条 被检查单位和个人应当如实提供材料，不得拒绝或者阻碍监督检查人员依法执行公务。

有关单位和个人对海洋主管部门的监督检查工作应当予以配合。

第四十四条 县级以上人民政府海洋主管部门对违反海洋污染防治法律、法规的行为，应当依法作出行政处理决定；有关海洋主管部门不依法作出行政处理决定的，上级海洋主管部门有权责令其依法作出行政处理决定或者直接作出行政处理决定。

第七章 法律责任

第四十五条 建设单位违反本条例规定，有下列行为之一的，由负责核准该工程环境影响报告书的海洋主管部门责令停止建设、运行，限期补办手续，并处5万元以上20万元以下的罚款：

（一）环境影响报告书未经核准，擅自开工建设的；

☞ **适用要点**

《中华人民共和国海洋环境保护法》第八十二条规定，建设单位开未经海洋行政主管部门审查批准，进行海洋工程建设项目的，由海洋行政主管部门责令其停止施工，根据违法情节和危害后果，处建设项目总投资额百分之一以上百分之五以下的罚款，并可以责令恢复原状。

虽然《中华人民共和国海洋环境保护法》中使用的是“审查批准”，而本法使用的是“核准”，但两者的意思是相同的。本法第十二条规定，海洋主管部门应当自收到海洋工程环境影响报告书之日起60个工作日内，作出是否核准的决定，书面通知建设单位。而对于相同的情况，《中华人民共和国环境影响评价法》并没有使用“核准”。《中华人民共和国环境影响评价法》第二十二条第三款规定，审批部门应当自收到环境影响报告书之日起60日内，收到环境影响报告表之日起30日内，分别作出审批决定并书面通知建设单位。对于“核准”，用“审批”取代，由此可见，两者意思一致。

上位法优于下位法，此处应适用《中华人民共和国海洋环境保护法》的规定。

（二）海洋工程环境保护设施未申请验收或者经验收不合格即投入运行的。

第四十六条 建设单位违反本条例规定，有下列行为之一的，由原核准该工程环境影响报告书的海洋主管部门责令停止建设、运行，限期补办手续，并处 5 万元以上 20 万元以下的罚款：

（一）海洋工程的性质、规模、地点、生产工艺或者拟采取的环境保护措施发生重大改变，未重新编制环境影响报告书报原核准该工程环境影响报告书的海洋主管部门核准的；

（二）自环境影响报告书核准之日起超过 5 年，海洋工程方开工建设，其环境影响报告书未重新报原核准该工程环境影响报告书的海洋主管部门核准的；

（三）海洋工程需要拆除或者改作他用时，未报原核准该工程环境影响报告书的海洋主管部门备案或者未按要求进行环境影响评价的。

第四十七条 建设单位违反本条例规定，有下列行为之一的，由原核准该工程环境影响报告书的海洋主管部门责令限期改正；逾期不改正的，责令停止运行，并处 1 万元以上 10 万元以下的罚款：

（一）擅自拆除或者闲置环境保护设施的；

（二）未在规定时间内进行环境影响后评价或者未按要求采取整改措施的。

第四十八条 建设单位违反本条例规定，有下列行为之一的，由县级以上人民政府海洋主管部门责令停止建设、运行，限期恢复原状；逾期未恢复原状的，海洋主管部门可以指定具有相应资质的单位代为恢复原状，所需费用由建设单位承担，并处恢复原状所需费用 1 倍以上 2 倍以下的罚款：

（一）造成领海基点及其周围环境被侵蚀、淤积或者损害的；

（二）违反规定在海洋自然保护区内进行海洋工程建设活动的。

第四十九条 建设单位违反本条例规定，在围填海工程中使用的填充材料不符合有关环境保护标准的，由县级以上人民政府海洋主管部门责令限期改正；逾期不改正的，责令停止建设、运行，并处5万元以上20万元以下的罚款；造成海洋环境污染事故，直接负责的主管人员和其他直接责任人员构成犯罪的，依法追究刑事责任。

第五十条 建设单位违反本条例规定，有下列行为之一的，由原核准该工程环境影响报告书的海洋主管部门责令限期改正；逾期不改正的，处1万元以上5万元以下的罚款：

（一）未按规定报告污染物排放设施、处理设备的运转情况或者污染物的排放、处置情况的；

（二）未按规定报告其向水基泥浆中添加油的种类和数量的；

（三）未按规定将防治海洋工程污染损害海洋环境的应急预案备案的；

（四）在海上爆破作业前未按规定报告海洋主管部门的；

（五）进行海上爆破作业时，未按规定设置明显标志、信号的。

第五十一条 建设单位违反本条例规定，进行海上爆破作业时未采取有效措施保护海洋资源的，由县级以上人民政府海洋主管部门责令限期改正；逾期未改正的，处1万元以上10万元以下的罚款。

建设单位违反本条例规定，在重要渔业水域进行炸药爆破或者进行其他可能对渔业资源造成损害的作业，未避开主要经济类鱼虾产卵期的，由县级以上人民政府海洋主管部门予以警告、责令停止作业，并处5万元以上20万元以下的罚款。

第五十二条 海洋油气矿产资源勘探开发单位违反本条例规定向海洋排放含油污水，或者将塑料制品、残油、废油、油基泥浆、含油垃圾和其他有毒有害残液残渣直接排放或者弃置入海的，由国家海洋主管部门或者其派出机构责令限期清理，并处2万元以上20万元以下的罚款；逾期未清理的，国家海洋主管部门或者其派出机构可以指定有相应资质的单位代为清理，所需费用由海洋油气矿产资源勘探开发单位承担；造成海洋环境污染事故，直接负责的主管人员和其他直接责任人员构成犯罪的，依法追究刑事责任。

第五十三条 海水养殖者未按规定采取科学的养殖方式，对海洋环境造成污染或者严重影响海洋景观的，由县级以上人民政府海洋主管部门责令限期改正；逾期不改正的，责令停止养殖活动，并处清理污染或者恢复海洋景观所需费用1倍以上2倍以下的罚款。

第五十四条 建设单位未按本条例规定缴纳排污费的，由县级以上人民政府海洋主管部门责令限期缴纳；逾期拒不缴纳的，处应缴纳排污费数额2倍以上3倍以下的罚款。

第五十五条 违反本条例规定，造成海洋环境污染损害的，责任者应当排除危害，赔偿损失。完全由于第三者的故意或者过失造成海洋环境污染损害的，由第三者排除危害，承担赔偿责任。

违反本条例规定，造成海洋环境污染事故，直接负责的主管人员和其他直接责任人员构成犯罪的，依法追究刑事责任。

第五十六条 海洋主管部门的工作人员违反本条例规定，有下列情形之一的，依法给予行政处分；构成犯罪的，依法追究刑事责任：

（一）未按规定核准海洋工程环境影响报告书的；

（二）未按规定验收环境保护设施的；

（三）未按规定对海洋环境污染事故进行报告和调查处理的；

（四）未按规定征收排污费的；

（五）未按规定进行监督检查的。

第八章　附　　则

第五十七条 船舶污染的防治按照国家有关法律、行政法规的规定执行。

第五十八条 本条例自2006年11月1日起施行。

铺设海底电缆管道管理规定

（1989年1月20日国务院第32次常务会议通过　1989年2月11日中华人民共和国国务院令第27号发布　自1989年3月1日起施行）

第一条　为维护中华人民共和国国家主权和权益，合理开发利用海洋，有秩序地铺设和保护海底电缆、管道，制定本规定。

第二条　本规定适用于在中华人民共和国内海、领海及大陆架上铺设海底电缆、管道以及为铺设所进行的路由调查、勘测及其他有关活动。

第三条　在中华人民共和国内海、领海及大陆架上铺设海底电缆、管道以及为铺设所进行的路由调查、勘测及其他有关活动的主管机关是中华人民共和国国家海洋局（以下简称主管机关）。

第四条　中国的企业、事业单位铺设海底电缆、管道，经其上级业务主管部门审批同意后，为铺设所进行的路由调查、勘测等活动，依照本规定执行。

外国的公司、企业和其他经济组织或者个人需要在中华人民共和国内海、领海铺设海底电缆、管道以及为铺设所进行的路由调查、勘测等活动，应当依照本规定报经主管机关批准；需要在中华人民共和国大陆架上进行上述活动的，应当事先通知主管机关，但其确定的海底电缆、管道路由，需经主管机关同意。

第五条　海底电缆、管道所有者（以下简称所有者），须在为铺设所进行的路由调查、勘测实施60天前，向主管机关提出书面申请。申请书应当包括以下内容：

（一）所有者的名称、国籍、住所；

（二）海底电缆、管道路由调查、勘测单位的名称、国籍、住所及主要负责人；

（三）海底电缆、管道路由调查、勘测的精确地理区域；

（四）海底电缆、管道路由调查、勘测的时间、内容、方法和设备，包括所用船舶的船名、国籍、吨位及其主要装备和性能。

主管机关应当自收到申请之日起30天内作出答复。

第六条 海底电缆、管道路由调查、勘测完成后，所有者应当在计划铺设施工60天前，将最后确定的海底电缆、管道路由报主管机关审批，并附具以下资料：

（一）海底电缆、管道的用途、使用材料及其特性；

（二）精确的海底电缆、管道路线图和位置表以及起止点、中断点（站）和总长度；

（三）铺设工程的施工单位、施工时间、施工计划、技术设备等；

（四）铺设海底管道工程对海洋资源和环境影响报告书；

（五）其他有关说明资料。

主管机关应当自收到申请之日起30天内作出答复。

☞ **适用要点**

根据《防治海洋工程建设项目污染损害海洋环境管理条例》第三条的规定，海洋工程，是指以开发、利用、保护、恢复海洋资源为目的，并且工程主体位于海岸线向海一侧的新建、改建、扩建工程。具体包括：围填海、海上堤坝工程；人工岛、海上和海底物资储藏设施、跨海桥梁、海底隧道工程；海底管道、海底电（光）缆工程；海洋矿产资源勘探开发及其附属工程；海上潮汐电站、波浪电站、温差电站等海洋能源开发利用工程；大型海水养殖场、人工鱼礁工程；盐田、海水淡化等海水综合利用工程；海上娱乐及运动、景观开发工程。因此，铺设海底管道工程属于海洋工程建设项目，环境影响评价应适用海洋工程建设项目相关规定。

第七条 铺设施工完毕后，所有者应当将海底电缆、管道的路线图、位置表等说明资料报送主管机关备案，并抄送港监机关。

在国家进行海洋开发利用、管理需要时，所有者有义务向主管机关进一步提供海底电缆、管道的准确资料。

第八条 海底电缆、管道的铺设和为铺设所进行的路由调查、勘测活动，不得在获准作业区域以外的海域作业，也不得在获准区域内进行未经批准的作业。

第九条 获准施工的海底电缆、管道在施工前或施工中如需变动，所有者应当及时向主管机关报告。如该项变动重大，主管机关可采取相应措施，直至责令其停止施工。

第十条 海底电缆、管道的维修、改造、拆除和废弃，所有者应当提前向主管机关报告。路由变动较大的改造，依照本规定重新办理有关手续。

外国船舶需要进入中国内海、领海进行海底电缆、管道的维修、改造、拆除活动时，除履行本条第一款规定的程序外，还应当依照中国法律的规定，报经中国有关机关批准。

铺设在中国大陆架上的海底电缆、管道遭受损害，需要紧急修理时，外国维修船可在向主管机关报告的同时进入现场作业，但不得妨害中国的主权权利和管辖权。

第十一条 海底电缆、管道的路由调查、勘测和铺设、维修、拆除等施工作业，不得妨害海上正常秩序。

海底电缆、管道的铺设或者拆除工程的遗留物，应当妥善处理，不得妨害海上正常秩序。

☞ **适用要点**

本条款对于禁止废弃海底电缆、管道作出了概括性的规定。《铺设海底电缆管道管理规定》第十六条规定，铺设、维修、改造、拆除、废弃海底电缆、管道以及为铺设所进行的路由调查、勘测活动，本规定未作规定的，适用国家其他有关法律、法规的规定。

第十二条 铺设海底电缆、管道及其他海上作业，需要移动已铺设的海底电缆、管道时，应当先与所有者协商，并经主管机关批准后方可施工。

第十三条 从事海上各种活动的作业者，必须保护已铺设的海底电缆、管道。造成损害的应当依法赔偿。

其他海洋开发利用和已铺设的海底电缆、管道的正常使用发生纠纷时，由主管机关调解解决。

第十四条 主管机关有权对海底电缆、管道的铺设、维修、改造、拆除、废弃以及为铺设所进行的路由调查、勘测活动进行监督和检查。对违反本规定的，主管机关可处以警告、罚款直至责令其停止海上作业。

前款所列处罚的具体办法，由主管机关商国务院有关主管部门制定。

第十五条 为海洋石油开发所铺设的超出石油开发区的海底电缆、管道的路由，应当在油（气）田总体开发方案审批前报主管机关，由主管机关商国家能源主管部门批准。

在海洋石油开发区内铺设平台间或者平台与单点系泊间的海底电缆、管道，所有者应当在为铺设所进行的路由调查、勘测和施工前，分别将本规定第五条、第六条规定提供的内容，报主管机关备案。

第十六条 铺设、维修、改造、拆除、废弃海底电缆、管道以及为铺设所进行的路由调查、勘测活动，本规定未作规定的，适用国家其他有关法律、法规的规定。

第十七条 中华人民共和国军用海底电缆、管道的铺设依照本规定执行。军队可以制定具体实施办法。

第十八条 主管机关应当收集海底地形、海上构筑物分布等方面的资料，为海底电缆、管道的铺设及其调查、勘测活动提供咨询服务。

第十九条 本规定中的“电缆”系指通信电缆及电力电缆；“管道”系指输水、输气、输油及输送其他物质的管状输送设施。

第二十条 本规定由中华人民共和国国家海洋局负责解释。

第二十一条 本规定自1989年3月1日起施行。

环境影响评价公众参与办法

（2018年7月16日生态环境部令第4号公布　自2019年1月1日起施行）

第一条　为规范环境影响评价公众参与，保障公众环境保护知情权、参与权、表达权和监督权，依据《中华人民共和国环境保护法》《中华人民共和国环境影响评价法》《规划环境影响评价条例》《建设项目环境保护管理条例》等法律法规，制定本办法。

第二条　本办法适用于可能造成不良环境影响并直接涉及公众环境权益的工业、农业、畜牧业、林业、能源、水利、交通、城市建设、旅游、自然资源开发的有关专项规划的环境影响评价公众参与，和依法应当编制环境影响报告书的建设项目的环境影响评价公众参与。

国家规定需要保密的情形除外。

☞ **适用要点**

本条规定了环境影响评价中公众参与的范围，并非所有对于环境有影响的建设项目都需要公众参与，只有对环境可能造成重大影响的，才需要编制环境影响报告书的建设项目必须有公众参与环节。对于可能造成轻度环境影响的，编制环境影响报告书的建设项目，以及对环境影响很小，填报环境影响登记表的建设项目，没有将公众参与作为强制性要求。

第三条　国家鼓励公众参与环境影响评价。

环境影响评价公众参与遵循依法、有序、公开、便利的原则。

第四条　专项规划编制机关应当在规划草案报送审批前，举行论证会、听证会，或者采取其他形式，征求有关单位、专家和公众对环境影响报告书草案的意见。

第五条 建设单位应当依法听取环境影响评价范围内的公民、法人和其他组织的意见，鼓励建设单位听取环境影响评价范围之外的公民、法人和其他组织的意见。

第六条 专项规划编制机关和建设单位负责组织环境影响报告书编制过程的公众参与，对公众参与的真实性和结果负责。

专项规划编制机关和建设单位可以委托环境影响报告书编制单位或者其他单位承担环境影响评价公众参与的具体工作。

第七条 专项规划环境影响评价的公众参与，本办法未作规定的，依照《中华人民共和国环境影响评价法》《规划环境影响评价条例》的相关规定执行。

第八条 建设项目环境影响评价公众参与相关信息应当依法公开，涉及国家秘密、商业秘密、个人隐私的，依法不得公开。法律法规另有规定的，从其规定。

生态环境主管部门公开建设项目环境影响评价公众参与相关信息，不得危及国家安全、公共安全、经济安全和社会稳定。

第九条 建设单位应当在确定环境影响报告书编制单位后7个工作日内，通过其网站、建设项目所在地公共媒体网站或者建设项目所在地相关政府网站（以下统称网络平台），公开下列信息：

（一）建设项目名称、选址选线、建设内容等基本情况，改建、扩建、迁建项目应当说明现有工程及其环境保护情况；

（二）建设单位名称和联系方式；

（三）环境影响报告书编制单位的名称；

（四）公众意见表的网络链接；

（五）提交公众意见表的方式和途径。

在环境影响报告书征求意见稿编制过程中，公众均可向建设单位提出与环境影响评价相关的意见。

公众意见表的内容和格式，由生态环境部制定。

第十条 建设项目环境影响报告书征求意见稿形成后，建设单位应当公开下列信息，征求与该建设项目环境影响有关的意见：

（一）环境影响报告书征求意见稿全文的网络链接及查阅纸质报告书的方式和途径；

（二）征求意见的公众范围；

（三）公众意见表的网络链接；

（四）公众提出意见的方式和途径；

（五）公众提出意见的起止时间。

建设单位征求公众意见的期限不得少于10个工作日。

第十一条 依照本办法第十条规定应当公开的信息，建设单位应当通过下列三种方式同步公开：

（一）通过网络平台公开，且持续公开期限不得少于10个工作日；

（二）通过建设项目所在地公众易于接触的报纸公开，且在征求意见的10个工作日内公开信息不得少于2次；

（三）通过在建设项目所在地公众易于知悉的场所张贴公告的方式公开，且持续公开期限不得少于10个工作日。

鼓励建设单位通过广播、电视、微信、微博及其他新媒体等多种形式发布本办法第十条规定的信息。

第十二条 建设单位可以通过发放科普资料、张贴科普海报、举办科普讲座或者通过学校、社区、大众传播媒介等途径，向公众宣传与建设项目环境影响有关的科学知识，加强与公众互动。

第十三条 公众可以通过信函、传真、电子邮件或者建设单位提供的其他方式，在规定时间内将填写的公众意见表等提交建设单位，反映与建设项目环境影响有关的意见和建议。

公众提交意见时，应当提供有效的联系方式。鼓励公众采用实名方式提交意见并提供常住地址。

对公众提交的相关个人信息，建设单位不得用于环境影响评价公众参与之外的用途，未经个人信息相关权利人允许不得公开。法律法规另有规定的除外。

第十四条 对环境影响方面公众质疑性意见多的建设项目，建设单位应当按照下列方式组织开展深度公众参与：

（一）公众质疑性意见主要集中在环境影响预测结论、环境保护措施或者环境风险防范措施等方面的，建设单位应当组织召开公众座谈会或者听证会。座谈会或者听证会应当邀请在环境方面可能受建设项目影响的公众代表参加。

（二）公众质疑性意见主要集中在环境影响评价相关专业技术方法、导则、理论等方面的，建设单位应当组织召开专家论证会。专家论证会应当邀请相关领域专家参加，并邀请在环境方面可能受建设项目影响的公众代表列席。

建设单位可以根据实际需要，向建设项目所在地县级以上地方人民政府报告，并请求县级以上地方人民政府加强对公众参与的协调指导。县级以上生态环境主管部门应当在同级人民政府指导下配合做好相关工作。

第十五条 建设单位决定组织召开公众座谈会、专家论证会的，应当在会议召开的10个工作日前，将会议的时间、地点、主题和可以报名的公众范围、报名办法，通过网络平台和在建设项目所在地公众易于知悉的场所张贴公告等方式向社会公告。

建设单位应当综合考虑地域、职业、受教育水平、受建设项目环境影响程度等因素，从报名的公众中选择参加会议或者列席会议的公众代表，并在会议召开的5个工作日前通知拟邀请的相关专家，并书面通知被选定的代表。

第十六条 建设单位应当在公众座谈会、专家论证会结束后5个工作日内，根据现场记录，整理座谈会纪要或者专家论证结论，并通过网络平台向社会公开座谈会纪要或者专家论证结论。座谈会纪要和专家论证结论应当如实记载各种意见。

第十七条 建设单位组织召开听证会的，可以参考环境保护行政许可听证的有关规定执行。

第十八条 建设单位应当对收到的公众意见进行整理，组织环境影响报告书编制单位或者其他有能力的单位进行专业分析后提出采纳或者不采纳的建议。

建设单位应当综合考虑建设项目情况、环境影响报告书编制单位或者其他有能力的单位的建议、技术经济可行性等因素，采纳与建设项目环境影响有关的合理意见，并组织环境影响报告书编制单位根据采纳的意见修改完善环境影响报告书。

对未采纳的意见，建设单位应当说明理由。未采纳的意见由提供有效联系方式的公众提出的，建设单位应当通过该联系方式，向其说明未采纳的理由。

第十九条 建设单位向生态环境主管部门报批环境影响报告书前，应当组织编写建设项目环境影响评价公众参与说明。公众参与说明应当包括下列主要内容：

（一）公众参与的过程、范围和内容；

（二）公众意见收集整理和归纳分析情况；

（三）公众意见采纳情况，或者未采纳情况、理由及向公众反馈的情况等。

公众参与说明的内容和格式，由生态环境部制定。

第二十条 建设单位向生态环境主管部门报批环境影响报告书前，应当通过网络平台，公开拟报批的环境影响报告书全文和公众参与说明。

第二十一条 建设单位向生态环境主管部门报批环境影响报告书时，应当附具公众参与说明。

第二十二条 生态环境主管部门受理建设项目环境影响报告书后，应当通过其网站或者其他方式向社会公开下列信息：

（一）环境影响报告书全文；

（二）公众参与说明；

（三）公众提出意见的方式和途径。

公开期限不得少于10个工作日。

第二十三条 生态环境主管部门对环境影响报告书作出审批决定前，应当通过其网站或者其他方式向社会公开下列信息：

（一）建设项目名称、建设地点；

（二）建设单位名称；

（三）环境影响报告书编制单位名称；

（四）建设项目概况、主要环境影响和环境保护对策与措施；

（五）建设单位开展的公众参与情况；

（六）公众提出意见的方式和途径。

公开期限不得少于5个工作日。

生态环境主管部门依照第一款规定公开信息时，应当通过其网站或者其他方式同步告知建设单位和利害关系人享有要求听证的权利。

生态环境主管部门召开听证会的，依照环境保护行政许可听证的有关规定执行。

第二十四条 在生态环境主管部门受理环境影响报告书后和作出审批决定前的信息公开期间，公民、法人和其他组织可以依照规定的方式、途径和期限，提出对建设项目环境影响报告书审批的意见和建议，举报相关违法行为。

生态环境主管部门对收到的举报，应当依照国家有关规定处理。必要时，生态环境主管部门可以通过适当方式向公众反馈意见采纳情况。

第二十五条 生态环境主管部门应当对公众参与说明内容和格式是否符合要求、公众参与程序是否符合本办法的规定进行审查。

经综合考虑收到的公众意见、相关举报及处理情况、公众参与审查结论等，生态环境主管部门发现建设项目未充分征求公众意见的，应当责成建设单位重新征求公众意见，退回环境影响报告书。

第二十六条 生态环境主管部门参考收到的公众意见，依照相关法律法规、标准和技术规范等审批建设项目环境影响报告书。

第二十七条 生态环境主管部门应当自作出建设项目环境影响报告书审批决定之日起7个工作日内，通过其网站或者其他方式向社会公告审批决定全文，并依法告知提起行政复议和行政诉讼的权利及期限。

第二十八条 建设单位应当将环境影响报告书编制过程中公众参与的相关原始资料，存档备查。

第二十九条 建设单位违反本办法规定，在组织环境影响报告书编制过程的公众参与时弄虚作假，致使公众参与说明内容严重失实的，由负责审批环境影响报告书的生态环境主管部门将该建设单位及其法定代表人或主要负责人失信信息记入环境信用记录，向社会公开。

第三十条 公众提出的涉及征地拆迁、财产、就业等与建设项目环境影响评价无关的意见或者诉求，不属于建设项目环境影响评价公众参与的内容。公众可以依法另行向其他有关主管部门反映。

第三十一条 对依法批准设立的产业园区内的建设项目，若该产业园区已依法开展了规划环境影响评价公众参与且该建设项目性质、规模等符合经生态环境主管部门组织审查通过的规划环境影响报告书和审查意见，建设单位开展建设项目环境影响评价公众参与时，可以按照以下方式予以简化：

（一）免予开展本办法第九条规定的公开程序，相关应当公开的内容纳入本办法第十条规定的公开内容一并公开；

（二）本办法第十条第二款和第十一条第一款规定的10个工作日的期限减为5个工作日；

（三）免予采用本办法第十一条第一款第三项规定的张贴公告的方式。

第三十二条 核设施建设项目建造前的环境影响评价公众参与

依照本办法有关规定执行。

堆芯热功率300兆瓦以上的反应堆设施和商用乏燃料后处理厂的建设单位应当听取该设施或者后处理厂半径15公里范围内公民、法人和其他组织的意见；其他核设施和铀矿冶设施的建设单位应当根据环境影响评价的具体情况，在一定范围内听取公民、法人和其他组织的意见。

大型核动力厂建设项目的建设单位应当协调相关省级人民政府制定项目建设公众沟通方案，以指导与公众的沟通工作。

第三十三条 土地利用的有关规划和区域、流域、海域的建设、开发利用规划的编制机关，在组织进行规划环境影响评价的过程中，可以参照本办法的有关规定征求公众意见。

第三十四条 本办法自2019年1月1日起施行。《环境影响评价公众参与暂行办法》自本办法施行之日起废止。其他文件中有关环境影响评价公众参与的规定与本办法规定不一致的，适用本办法。

第三编

废弃物倾倒

废弃物倾倒，是指利用船舶、航空器、平台及其他载运工具，向海洋处置废弃物和其他物质；向海洋弃置船舶、航空器、平台和其他海上人工构造物，以及向海洋处置由于海底矿物资源的勘探开发及与勘探开发相关的海上加工所产生的废弃物和其他物质。主要依照《中华人民共和国海洋倾废管理条例》《中华人民共和国海洋倾废管理条例实施办法》等。

中华人民共和国航道法

（2014 年 12 月 28 日第十二届全国人民代表大会常务委员会第十二次会议通过　根据 2016 年 7 月 2 日第十二届全国人民代表大会常务委员会第二十一次会议《关于修改〈中华人民共和国节约能源法〉等六部法律的决定》修正）

第一章　总　　则

第一条　为了规范和加强航道的规划、建设、养护、保护，保障航道畅通和通航安全，促进水路运输发展，制定本法。

第二条　本法所称航道，是指中华人民共和国领域内的江河、湖泊等内陆水域中可以供船舶通航的通道，以及内海、领海中经建设、养护可以供船舶通航的通道。航道包括通航建筑物、航道整治建筑物和航标等航道设施。

第三条　规划、建设、养护、保护航道，应当根据经济社会发展和国防建设的需要，遵循综合利用和保护水资源、保护生态环境的原则，服从综合交通运输体系建设和防洪总体安排，统筹兼顾供水、灌溉、发电、渔业等需求，发挥水资源的综合效益。

第四条　国务院和有关县级以上地方人民政府应当加强对航道工作的领导，组织、协调、督促有关部门采取措施，保持和改善航道通航条件，保护航道安全，维护航道网络完整和畅通。

国务院和有关县级以上地方人民政府应当根据经济社会发展水平和航道建设、养护的需要，在财政预算中合理安排航道建设和养护资金。

第五条　国务院交通运输主管部门主管全国航道管理工作，并按照国务院的规定直接管理跨省、自治区、直辖市的重要干线航道和国际、国境河流航道等重要航道。

县级以上地方人民政府交通运输主管部门按照省、自治区、直辖市人民政府的规定主管所辖航道的管理工作。

国务院交通运输主管部门按照国务院规定设置的负责航道管理的机构和县级以上地方人民政府负责航道管理的部门或者机构（以下统称负责航道管理的部门），承担本法规定的航道管理工作。

第二章 航道规划

第六条 航道规划分为全国航道规划、流域航道规划、区域航道规划和省、自治区、直辖市航道规划。

航道规划应当包括航道的功能定位、规划目标、发展规划技术等级、规划实施步骤以及保障措施等内容。

航道规划应当符合依法制定的流域、区域综合规划，符合水资源规划、防洪规划和海洋功能区划，并与涉及水资源综合利用的相关专业规划以及依法制定的城乡规划、环境保护规划等其他相关规划和军事设施保护区划相协调。

第七条 航道应当划分技术等级。航道技术等级包括现状技术等级和发展规划技术等级。航道发展规划技术等级根据相关自然条件以及防洪、供水、水资源保护、生态环境保护要求和航运发展需求等因素评定。

第八条 全国航道规划由国务院交通运输主管部门会同国务院发展改革部门、国务院水行政主管部门等部门编制，报国务院批准公布。流域航道规划、区域航道规划由国务院交通运输主管部门编制并公布。

省、自治区、直辖市航道规划由省、自治区、直辖市人民政府交通运输主管部门会同同级发展改革部门、水行政主管部门等部门编制，报省、自治区、直辖市人民政府会同国务院交通运输主管部门批准公布。

编制航道规划应当征求有关部门和有关军事机关的意见，并依法进行环境影响评价。涉及海域、重要渔业水域的，应当有同级海洋主管部门、渔业行政主管部门参加。编制全国航道规划和流域航道规划、区域航道规划应当征求相关省、自治区、直辖市人民政府的意见。

流域航道规划、区域航道规划和省、自治区、直辖市航道规划应当符合全国航道规划。

第九条 依法制定并公布的航道规划应当依照执行；航道规划确需修改的，依照规划编制程序办理。

第三章 航道建设

第十条 新建航道以及为改善航道通航条件而进行的航道工程建设，应当遵守法律、行政法规关于建设工程质量管理、安全管理和生态环境保护的规定，符合航道规划，执行有关的国家标准、行业标准和技术规范，依法办理相关手续。

第十一条 航道建设单位应当根据航道建设工程的技术要求，依法通过招标等方式选择具有相应资质的勘察、设计、施工和监理单位进行工程建设，对工程质量和安全进行监督检查，并对工程质量和安全负责。

从事航道工程建设的勘察、设计、施工和监理单位，应当依照法律、行政法规的规定取得相应的资质，并在其资质等级许可的范围内从事航道工程建设活动，依法对勘察、设计、施工、监理的质量和安全负责。

第十二条 有关县级以上人民政府交通运输主管部门应当加强对航道建设工程质量和安全的监督检查，保障航道建设工程的质量和安全。

第十三条 航道建设工程竣工后，应当按照国家有关规定组织竣工验收，经验收合格方可正式投入使用。

航道建设单位应当自航道建设工程竣工验收合格之日起六十日内，将竣工测量图报送负责航道管理的部门。沿海航道的竣工测量图还应当报送海军航海保证部门。

第十四条 进行航道工程建设应当维护河势稳定，符合防洪要求，不得危及依法建设的其他工程或者设施的安全。因航道工程建设损坏依法建设的其他工程或者设施的，航道建设单位应当予以修复或者依法赔偿。

第四章 航道养护

第十五条 国务院交通运输主管部门应当制定航道养护技术规范。

负责航道管理的部门应当按照航道养护技术规范进行航道养护，保证航道处于良好通航技术状态。

第十六条 负责航道管理的部门应当根据航道现状技术等级或者航道自然条件确定并公布航道维护尺度和内河航道图。

航道维护尺度是指航道在不同水位期应当保持的水深、宽度、弯曲半径等技术要求。

第十七条 负责航道管理的部门应当按照国务院交通运输主管部门的规定对航道进行巡查，发现航道实际尺度达不到航道维护尺度或者有其他不符合保证船舶通航安全要求的情形，应当进行维护，及时发布航道通告并通报海事管理机构。

第十八条 海事管理机构发现航道损毁等危及通航安全的情形，应当及时通报负责航道管理的部门，并采取必要的安全保障措施。

其他单位和人员发现航道损毁等危及通航安全的情形，应当及时报告负责航道管理的部门或者海事管理机构。

第十九条 负责航道管理的部门应当合理安排航道养护作业，避免限制通航的集中作业和在通航高峰期作业。

负责航道管理的部门进行航道疏浚、清障等影响通航的航道养护活动，或者确需限制通航的养护作业的，应当设置明显的作业标志，采取必要的安全措施，并提前通报海事管理机构，保证过往船舶通行以及依法建设的工程设施的安全。养护作业结束后，应当及时清除影响航道通航条件的作业标志及其他残留物，恢复正常通航。

第二十条 进行航道养护作业可能造成航道堵塞的，有关负责航道管理的部门应当会同海事管理机构事先通报相关区域负责航道管理的部门和海事管理机构，共同制定船舶疏导方案，并向社会公告。

第二十一条 因自然灾害、事故灾难等突发事件造成航道损坏、阻塞的，负责航道管理的部门应当按照突发事件应急预案尽快修复抢通；必要时由县级以上人民政府组织尽快修复抢通。

船舶、设施或者其他物体在航道水域中沉没，影响航道畅通和通航安全的，其所有人或者经营人应当立即报告负责航道管理的部门和海事管理机构，按照规定自行或者委托负责航道管理的部门或者海事管理机构代为设置标志，并应当在海事管理机构限定的时间内打捞清除。

第二十二条 航标的设置、养护、保护和管理，依照有关法律、行政法规和国家标准或者行业标准的规定执行。

第二十三条 部队执行任务、战备训练需要使用航道的，负责航道管理的部门应当给予必要的支持和协助。

第五章　航道保护

第二十四条 新建、改建、扩建（以下统称建设）跨越、穿越航道的桥梁、隧道、管道、缆线等建筑物、构筑物，应当符合该航道发展规划技术等级对通航净高、净宽、埋设深度等航道通航条件的要求。

第二十五条 在通航河流上建设永久性拦河闸坝，建设单位应当按照航道发展规划技术等级建设通航建筑物。通航建筑物应当与主体工程同步规划、同步设计、同步建设、同步验收、同步投入使用。

闸坝建设期间难以维持航道原有通航能力的，建设单位应当采取修建临时航道、安排翻坝转运等补救措施，所需费用由建设单位承担。

在不通航河流上建设闸坝后可以通航的，闸坝建设单位应当同步建设通航建筑物或者预留通航建筑物位置，通航建筑物建设费用除国家另有规定外，由交通运输主管部门承担。

通航建筑物的运行应当适应船舶通行需要，运行方案应当经负责航道管理的部门同意并公布。通航建筑物的建设单位或者管理单位应当按照规定维护保养通航建筑物，保持其正常运行。

第二十六条 在航道保护范围内建设临河、临湖、临海建筑物或者构筑物，应当符合该航道通航条件的要求。

航道保护范围由县级以上地方人民政府交通运输主管部门会同水行政主管部门或者流域管理机构、国土资源主管部门根据航道发展规划技术等级和航道保护实际需要划定，报本级人民政府批准公布。国务院交通运输主管部门直接管理的航道的航道保护范围，由国务院交通运输主管部门会同国务院水行政主管部门、国务院国土资源主管部门和有关省、自治区、直辖市人民政府划定公布。航道保护范围涉及海域、重要渔业水域的，还应当分别会同同级海洋主管部门、渔业行政主管部门划定。

第二十七条 建设本法第二十四条、第二十五条第一款、第二十六条第一款规定的工程（以下统称与航道有关的工程），除依照法律、行政法规或者国务院规定进行的防洪、供水等特殊工程外，不得因工程建设降低航道通航条件。

第二十八条 建设与航道有关的工程，建设单位应当在工程可行性研究阶段就建设项目对航道通航条件的影响作出评价，并报送有审核权的交通运输主管部门或者航道管理机构审核，但下列工程除外：

（一）临河、临湖的中小河流治理工程；

（二）不通航河流上建设的水工程；

（三）现有水工程的水毁修复、除险加固、不涉及通航建筑物和不改变航道原通航条件的更新改造等不影响航道通航条件的工程。

建设单位报送的航道通航条件影响评价材料不符合本法规定的，可以进行补充或者修改，重新报送审核部门审核。

未进行航道通航条件影响评价或者经审核部门审核认为建设项目不符合本法规定的，建设单位不得建设。政府投资项目未进行航道通航条件影响评价或者经审核部门审核认为建设项目不符合本法规定的，负责建设项目审批的部门不予批准。

☞ **适用要点**

根据《中华人民共和国防治海岸工程建设项目污染损害海洋环境管理条例》第二条的规定，海岸工程建设项目，是指位于海岸或者与海岸连接，工程主体位于海岸线向陆一侧，对海洋环境产生影响的新建、改建、扩建工程项目。具体包括：港口、码头、航道、滨海机场工程项目；造船厂、修船厂；滨海火电站、核电站、风电站；滨海物资存储设施工程项目；滨海矿山、化工、轻工、冶金等工业工程项目；固体废弃物、污水等污染物处理处置排海工程项目。滨海大型养殖场；海岸防护工程、砂石场和入海河口处的水利设施；滨海石油勘探开发工程项目。因此，与航道有关的工程属于海岸工程建设项目。

第二十九条 国务院或者国务院有关部门批准、核准的建设项目，以及与国务院交通运输主管部门直接管理的航道有关的建设项目的航道通航条件影响评价，由国务院交通运输主管部门审核；其他建设项目的航道通航条件影响评价，按照省、自治区、直辖市人民政府的规定由县级以上地方人民政府交通运输主管部门或者航道管理机构审核。

第三十条 航道上相邻拦河闸坝之间的航道通航水位衔接，应当符合国家规定的通航标准和技术要求。位于航道及其上游支流上的水工程，应当在设计、施工和调度运行中统筹考虑下游航道设计最低通航水位所需的下泄流量，但水文条件超出实际标准的除外。

保障下游航道通航所需的最小下泄流量以及满足航道通航条件允许的水位变化的确定，应当征求负责航道管理的部门的意见。

水工程需大幅度减流或者大流量泄水的，应当提前通报负责航道管理的部门和海事管理机构，给船舶避让留出合理的时间。

第三十一条 与航道有关的工程施工影响航道正常功能的，负责航道管理的部门、海事管理机构应当根据需要对航标或者航道的位置、走向进行临时调整；影响消除后应当及时恢复。所需费用由建设单位承担，但因防洪抢险工程引起调整的除外。

第三十二条 与航道有关的工程竣工验收前，建设单位应当及时清除影响航道通航条件的临时设施及其残留物。

第三十三条 与航道有关的工程建设活动不得危及航道安全。

与航道有关的工程建设活动损坏航道的，建设单位应当予以修复或者依法赔偿。

第三十四条 在通航水域上建设桥梁等建筑物，建设单位应当按照国家有关规定和技术要求设置航标等设施，并承担相应费用。

桥区水上航标由负责航道管理的部门、海事管理机构负责管理维护。

第三十五条 禁止下列危害航道通航安全的行为：

（一）在航道内设置渔具或者水产养殖设施的；

（二）在航道和航道保护范围内倾倒砂石、泥土、垃圾以及其他废弃物的；

（三）在通航建筑物及其引航道和船舶调度区内从事货物装卸、水上加油、船舶维修、捕鱼等，影响通航建筑物正常运行的；

（四）危害航道设施安全的；

（五）其他危害航道通航安全的行为。

第三十六条 在河道内采砂，应当依照有关法律、行政法规的规定进行。禁止在河道内依法划定的砂石禁采区采砂、无证采砂、未按批准的范围和作业方式采砂等非法采砂行为。

在航道和航道保护范围内采砂，不得损害航道通航条件。

第三十七条 本法施行前建设的拦河闸坝造成通航河流断航，需要恢复通航且具备建设通航建筑物条件的，由发展改革部门会同水行政主管部门、交通运输主管部门提出恢复通航方案，报本级人民政府决定。

第六章 法律责任

第三十八条 航道建设、勘察、设计、施工、监理单位在航道建设活动中违反本法规定的，由县级以上人民政府交通运输主管部门依照有关招标投标和工程建设管理的法律、行政法规的规定处罚。

第三十九条 建设单位未依法报送航道通航条件影响评价材料而开工建设的，由有审核权的交通运输主管部门或者航道管理机构责令停止建设，限期补办手续，处三万元以下的罚款；逾期不补办手续继续建设的，由有审核权的交通运输主管部门或者航道管理机构责令恢复原状，处二十万元以上五十万元以下的罚款。

报送的航道通航条件影响评价材料未通过审核，建设单位开工建设的，由有审核权的交通运输主管部门或者航道管理机构责令停止建设、恢复原状，处二十万元以上五十万元以下的罚款。

违反航道通航条件影响评价的规定建成的项目导致航道通航条

件严重下降的，由前两款规定的交通运输主管部门或者航道管理机构责令限期采取补救措施或者拆除；逾期未采取补救措施或者拆除的，由交通运输主管部门或者航道管理机构代为采取补救措施或者依法组织拆除，所需费用由建设单位承担。

☞ **适用要点**

本条是有关与航道有关的工程建设项目未批先建的规定。根据2014年《中华人民共和国环境保护法》修订，第六十一条规定，建设单位未依法提交建设项目环境影响评价文件或者环境影响评价文件未经批准，擅自开工建设的，由负有环境保护监督管理职责的部门责令停止建设，处以罚款，并可以责令恢复原状。此次修订，取消了“限期补办”的规定。需要注意的是，本条保留了“限期补办”的规定，与《中华人民共和国环境保护法》的规定不同。

第四十条 与航道有关的工程的建设单位违反本法规定，未及时清除影响航道通航条件的临时设施及其残留物的，由负责航道管理的部门责令限期清除，处二万元以下的罚款；逾期仍未清除的，处三万元以上二十万元以下的罚款，并由负责航道管理的部门依法组织清除，所需费用由建设单位承担。

第四十一条 在通航水域上建设桥梁等建筑物，建设单位未按照规定设置航标等设施的，由负责航道管理的部门或者海事管理机构责令改正，处五万元以下罚款。

第四十二条 违反本法规定，有下列行为之一的，由负责航道管理的部门责令改正，对单位处五万元以下罚款，对个人处二千元以下罚款；造成损失的，依法承担赔偿责任：

（一）在航道内设置渔具或者水产养殖设施的；

（二）在航道和航道保护范围内倾倒砂石、泥土、垃圾以及其他废弃物的；

（三）在通航建筑物及其引航道和船舶调度区内从事货物装卸、水上加油、船舶维修、捕鱼等，影响通航建筑物正常运行的；

（四）危害航道设施安全的；

（五）其他危害航道通航安全的行为。

第四十三条 在河道内依法划定的砂石禁采区采砂、无证采砂、未按批准的范围和作业方式采砂等非法采砂的，依照有关法律、行政法规的规定处罚。

违反本法规定，在航道和航道保护范围内采砂，损害航道通航条件的，由负责航道管理的部门责令停止违法行为，没收违法所得，可以扣押或者没收非法采砂船舶，并处五万元以上三十万元以下罚款；造成损失的，依法承担赔偿责任。

第四十四条 违反法律规定，污染环境、破坏生态或者有其他环境违法行为的，依照《中华人民共和国环境保护法》等法律的规定处罚。

第四十五条 交通运输主管部门以及其他有关部门不依法履行本法规定的职责的，对直接负责的主管人员和其他直接责任人员依法给予处分。

负责航道管理的机构不依法履行本法规定的职责的，由其上级主管部门责令改正，对直接负责的主管人员和其他直接责任人员依法给予处分。

第四十六条 违反本法规定，构成违反治安管理行为的，依法给予治安管理处罚；构成犯罪的，依法追究刑事责任。

第七章 附 则

第四十七条 进出军事港口、渔业港口的专用航道不适用本法。专用航道由专用部门管理。

第四十八条 本法自2015年3月1日起施行。

中华人民共和国海洋倾废管理条例

（1985 年 3 月 6 日国务院发布　根据 2011 年 1 月 8 日《国务院关于废止和修改部分行政法规的决定》第一次修订　根据 2017 年 3 月 1 日《国务院关于修改和废止部分行政法规的决定》第二次修订）

第一条　为实施《中华人民共和国海洋环境保护法》，严格控制向海洋倾倒废弃物，防止对海洋环境的污染损害，保持生态平衡，保护海洋资源，促进海洋事业的发展，特制定本条例。

第二条　本条例中的“倾倒”，是指利用船舶、航空器、平台及其他载运工具，向海洋处置废弃物和其他物质；向海洋弃置船舶、航空器、平台和其他海上人工构造物，以及向海洋处置由于海底矿物资源的勘探开发及与勘探开发相关的海上加工所产生的废弃物和其他物质。

“倾倒”不包括船舶、航空器及其他载运工具和设施正常操作产生的废弃物的排放。

第三条　本条例适用于：

一、向中华人民共和国的内海、领海、大陆架和其他管辖海域倾倒废弃物和其他物质；

二、为倾倒的目的，在中华人民共和国陆地或港口装载废弃物和其他物质；

三、为倾倒的目的，经中华人民共和国的内海、领海及其他管辖海域运送废弃物和其他物质；

四、在中华人民共和国管辖海域焚烧处置废弃物和其他物质。

海洋石油勘探开发过程中产生的废弃物，按照《中华人民共和国海洋石油勘探开发环境保护管理条例》的规定处理。

☞ **适用要点**

在《中华人民共和国海洋石油勘探开发环境保护管理条例》中，第十二条第一项对于海洋石油勘探开发过程中产生的废弃物作出了规定，其包括，残油、废油、油基泥浆、含油垃圾和其他有毒残液残渣，工业垃圾以及生活垃圾三类。

第四条 海洋倾倒废弃物的主管部门是中华人民共和国国家海洋局及其派出机构（简称“主管部门”，下同）。

第五条 海洋倾倒区由主管部门商同有关部门，按科学、合理、安全和经济的原则划出，报国务院批准确定。

第六条 需要向海洋倾倒废弃物的单位，应事先向主管部门提出申请，按规定的格式填报倾倒废弃物申请书，并附报废弃物特性和成分检验单。

主管部门在接到申请书之日起两个月内予以审批。对同意倾倒者应发给废弃物倾倒许可证。

任何单位和船舶、航空器、平台及其他载运工具，未依法经主管部门批准，不得向海洋倾倒废弃物。

第七条 外国的废弃物不得运至中华人民共和国管辖海域进行倾倒，包括弃置船舶、航空器、平台和其他海上人工构造物。违者，主管部门可责令其限期治理，支付清除污染费，赔偿损失，并处以罚款。

☞ **适用要点**

本条是关于禁止外国废弃物倾倒的规定。

本条例第十七条规定，造成海洋环境污染损害的，主管部门可责令其限期治理，支付清除污染费，向受害方赔偿由此所造成的损失，并视情节轻重和污染损害的程度，处以警告或人民币 10 万元以下的罚款。

《中华人民共和国海洋环境保护法》第八十六条作出了更为严格的规定，由国家海洋行政主管部门予以警告，并根据造成或者可能造成的危害后果，处10万元以上100万元以下的罚款。

上位法优于下位法，本条款应适用《中华人民共和国海洋环境保护法》相关规定。

在中华人民共和国管辖海域以外倾倒废弃物，造成中华人民共和国管辖海域污染损害的，按本条例第十七条规定处理。

☞ **适用要点**

在我国管辖海域内造成污染损害的，按照属地原则管辖。

本条例第十七条规定，对违反本条例，造成海洋环境污染损害的，主管部门可责令其限期治理，支付清除污染费，向受害方赔偿由此所造成的损失，并视情节轻重和污染损害的程度，处以警告或人民币10万元以下的罚款。

第八条 为倾倒的目的，经过中华人民共和国管辖海域运送废弃物的任何船舶及其他载运工具，应当在进入中华人民共和国管辖海域15天之前，通报主管部门，同时报告进入中华人民共和国管辖海域的时间、航线、以及废弃物的名称、数量及成分。

第九条 外国籍船舶、平台在中华人民共和国管辖海域，由于海底矿物资源的勘探开发及与勘探开发相关的海上加工所产生的废弃物和其他物质需要向海洋倾倒的，应按规定程序报经主管部门批准。

第十条 倾倒许可证应注明倾倒单位、有效期限和废弃物的数量、种类、倾倒方法等事项。

签发许可证应根据本条例的有关规定严格控制。主管部门根据海洋生态环境的变化和科学技术的发展，可以更换或撤销许可证。

第十一条 废弃物根据其毒性、有害物质含量和对海洋环境的影响等因素，分为三类。其分类标准，由主管部门制定。主管部门可根据海洋生态环境的变化，科学技术的发展，以及海洋环境保护的需要，对附件进行修订。

一、禁止倾倒附件一所列的废弃物及其他物质（见附件一）。当出现紧急情况，在陆地上处置会严重危及人民健康时，经国家海洋局批准，获得紧急许可证，可到指定的区域按规定的方法倾倒。

二、倾倒附件二所列的废弃物（见附件二），应当事先获得特别许可证。

三、倾倒未列入附件一和附件二的低毒或无毒的废弃物，应当事先获得普通许可证。

第十二条 获准向海洋倾倒废弃物的单位在废弃物装载时，应通知主管部门予以核实。

核实工作按许可证所载的事项进行。主管部门如发现实际装载与许可证所注明内容不符，应责令停止装运；情节严重的，应中止或吊销许可证。

第十三条 主管部门应对海洋倾倒活动进行监视和监督，必要时可派员随航。倾倒单位应为随航公务人员提供方便。

第十四条 获准向海洋倾倒废弃物的单位，应当按许可证注明的期限和条件，到指定的区域进行倾倒，如实地详细填写倾倒情况记录表，并按许可证注明的要求，将记录表报送主管部门。倾倒废弃物的船舶、航空器、平台和其他载运工具应有明显标志和信号，并在航行日志上详细记录倾倒情况。

第十五条 倾倒废弃物的船舶、航空器、平台和其他载运工具，凡属《中华人民共和国海洋环境保护法》第八十九条、第九十一条规定的情形，可免于承担赔偿责任。

☞ **适用要点**

《中华人民共和国海洋环境保护法》第八十九条和第九十一条规定了两种可免予承担赔偿责任的情况。

第一，完全由于第三者的故意或者过失，造成海洋环境污染损害的，由第三者排除危害，并承担赔偿责任。

第二，战争、不可抗拒的自然灾害以及负责灯塔或者其他助航设备的主管部门，在执行职责时的疏忽，或者其他过失行为，即前述三种虽然及时采取合理措施，仍然不能避免对海洋环境造成污染损害的。

为紧急避险或救助人命，未按许可证规定的条件和区域进行倾倒时，应尽力避免或减轻因倾倒而造成的污染损害，并在事后尽快向主管部门报告。倾倒单位和紧急避险或救助人命的受益者，应对由此所造成的污染损害进行补偿。

由于第三者的过失造成污染损害的，倾倒单位应向主管部门提出确凿证据，经主管部门确认后责令第三者承担赔偿责任。

在海上航行和作业的船舶、航空器、平台和其他载运工具，因不可抗拒的原因而弃置时，其所有人应向主管部门和就近的港务监督报告，并尽快打捞清理。

第十六条　主管部门对海洋倾倒区应定期进行监测，加强管理，避免对渔业资源和其他海上活动造成有害影响。当发现倾倒区不宜继续倾倒时，主管部门可决定予以封闭。

第十七条　对违反本条例，造成海洋环境污染损害的，主管部门可责令其限期治理，支付清除污染费，向受害方赔偿由此所造成的损失，并视情节轻重和污染损害的程度，处以警告或人民币10万元以下的罚款。

第十八条　要求赔偿损失的单位和个人，应尽快向主管部门提出污染损害索赔报告书。报告书应包括：受污染损害的时间、地点、范围、对象、损失清单，技术鉴定和公证证明，并尽可能提供有关原始单据和照片等。

第十九条　受托清除污染的单位在作业结束后，应尽快向主管部门提交索取清除污染费用报告书。报告书应包括：清除污染的时间、地点，投入的人力、机具、船只，清除材料的数量、单价、计算方法，组织清除的管理费、交通费及其他有关费用，清除效果及其情况，其他有关证据和证明材料。

第二十条　对违法行为的处罚标准如下：

一、凡有下列行为之一者，处以警告或人民币2000元以下的罚款：

（一）伪造废弃物检验单的；

（二）不按本条例第十四条规定填报倾倒情况记录表的；

☞ **适用要点**

根据《中华人民共和国海洋环境保护法》第七十四条的规定，不按照规定记录倾倒情况，或者不按照规定提交倾倒报告的，由国家海洋行政主管部门予以警告，或者处以5万元以下的罚款。

上位法优于下位法，本条款应适用《中华人民共和国海洋环境保护法》相关规定。

（三）在本条例第十五条规定的情况下，未及时向主管部门和港务监督报告的。

二、凡实际装载与许可证所注明内容不符，情节严重的，除中止或吊销许可证外，还可处以人民币2000元以上5000元以下的罚款。

三、凡未按本条例第十二条规定通知主管部门核实而擅自进行倾倒的，可处以人民币5000元以上2万元以下的罚款。

四、凡有下列行为之一者，可处以人民币2万元以上10万元以下的罚款：

（一）未经批准向海洋倾倒废弃物的；

☞ **适用要点**

《中华人民共和国海洋环境保护法》第七十三条第一款作出了更为严格的规定，由行使海洋环境监督管理权的部门责令停止违法行为、限期改正或者责令采取限制生产、停产整治等措施，并处以罚款；拒不改正的，依法作出处罚决定的部门可以自责令改正之日的次日起，按照原罚款数额按日连续处罚；情节严重的，报经有批准权的人民政府批准，责令停业、关闭。

（二）不按批准的条件和区域进行倾倒的，但本条例第十五条规定的情况不在此限。

☞ **适用要点**

《中华人民共和国海洋环境保护法》第八十五条作出了更为严格的规定，由海洋行政主管部门予以警告，并处3万元以上20万元以下的罚款；对情节严重的，可以暂扣或者吊销许可证。

第二十一条　对违反本条例，造成或可能造成海洋环境污染损害的直接责任人，主管部门可处以警告或者罚款，也可以并处。

对于违反本条例，污染损害海洋环境造成重大财产损失或致人伤亡的直接责任人，由司法机关依法追究刑事责任。

☞ **适用要点**

《中华人民共和国海洋环境保护法》第九十条作出了更为严格的规定。

第一，海洋环境污染事故的单位，除依法承担赔偿责任外，造成一般或者较大海洋环境污染事故的，按照直接损失的百分之二十计算罚款；造成重大或者特大海洋环境污染事故的，按照直接损失的百分之三十计算罚款。

第二，对直接负责的主管人员和其他直接责任人员可以处上一年度从本单位取得收入百分之五十以下的罚款；直接负责的主管人员和其他直接责任人员属于国家工作人员的，依法给予处分。

第三，对严重污染海洋环境、破坏海洋生态，构成犯罪的，依法追究刑事责任。

第二十二条　当事人对主管部门的处罚决定不服的，可以在收到处罚通知书之日起15日内，向人民法院起诉；期满不起诉又不履行处罚决定的，由主管部门申请人民法院强制执行。

第二十三条　对违反本条例，造成海洋环境污染损害的行为，主动检举、揭发，积极提供证据，或采取有效措施减少污染损害有成绩的个人，应给予表扬或奖励。

第二十四条　本条例自1985年4月1日起施行。

附件一

禁止倾倒的物质

一、含有机卤素化合物、汞及汞化合物、镉及镉化合物的废弃物，但微含量的或能在海水中迅速转化为无害物质的除外。

二、强放射性废弃物及其他强放射性物质。

三、原油及其废弃物、石油炼制品、残油，以及含这类物质的混合物。

四、渔网、绳索、塑料制品及其他能在海面漂浮或在水中悬浮，严重妨碍航行、捕鱼及其他活动或危害海洋生物的人工合成物质。

五、含有本附件第一、二项所列物质的阴沟污泥和疏浚物。

附件二

需要获得特别许可证才能倾倒的物质

一、含有下列大量物质的废弃物：

（一）砷及其化合物；

（二）铅及其化合物；

（三）铜及其化合物；

（四）锌及其化合物；

（五）有机硅化合物；

（六）氰化物；

（七）氟化物；

（八）铍、铬、镍、钒及其化合物；

（九）未列入附件一的杀虫剂及其副产品。

但无害的或能在海水中迅速转化为无害物质的除外。

二、含弱放射性物质的废弃物。

三、容易沉入海底，可能严重障碍捕鱼和航行的容器、废金属及其他笨重的废弃物。

四、含有本附件第一、二项所列物质的阴沟污泥和疏浚物。

中华人民共和国海洋石油勘探开发环境保护管理条例

（1983 年 12 月 29 日国务院发布　自发布之日起施行）

第一条　为实施《中华人民共和国海洋环境保护法》，防止海洋石油勘探开发对海洋环境的污染损害，特制定本条例。

第二条　本条例适用于在中华人民共和国管辖海域从事石油勘探开发的企业、事业单位、作业者和个人，以及他们所使用的固定式和移动式平台及其他有关设施。

第三条　海洋石油勘探开发环境保护管理的主管部门是中华人民共和国国家海洋局及其派出机构，以下称“主管部门”。

第四条　企业或作业者在编制油（气）田总体开发方案的同时，必须编制海洋环境影响报告书，报中华人民共和国城乡建设环境保护部。城乡建设环境保护部会同国家海洋局和石油工业部，按照国家基本建设项目环境保护管理的规定组织审批。

第五条　海洋环境影响报告书应包括以下内容：

（一）油田名称、地理位置、规模；

（二）油田所处海域的自然环境和海洋资源状况；

（三）油田开发中需要排放的废弃物种类、成分、数量、处理方式；

（四）对海洋环境影响的评价；海洋石油开发对周围海域自然环

境、海洋资源可能发生的影响；对海洋渔业、航运、其他海上活动可能产生的影响；为避免、减轻各种有害影响，拟采取的环境保护措施；

（五）最终不可避免的影响、影响程度及原因；

（六）防范重大油污染事故的措施：防范组织，人员配备，技术装备，通信联络等。

第六条 企业、事业单位、作业者应具备防治油污染事故的应急能力，制定应急计划，配备与其所从事的海洋石油勘探开发规模相适应的油回收设施和围油、消油器材。

配备化学消油剂，应将其牌号、成分报告主管部门核准。

第七条 固定式和移动式平台的防污设备的要求：

（一）应设置油水分离设备；

（二）采油平台应设置含油污水处理设备，该设备处理后的污水含油量应达到国家排放标准；

（三）应设置排油监控装置；

（四）应设置残油、废油回收设施；

（五）应设置垃圾粉碎设备；

（六）上述设备应经中华人民共和国船舶检验机关检验合格，并获得有效证书。

第八条 一九八三年三月一日以前，已经在中华人民共和国管辖海域从事石油勘探开发的固定式和移动式平台，防污设备达不到规定要求的，应采取有效措施，防止污染，并在本条例颁布后三年内使防污设备达到规定的要求。

第九条 企业、事业单位和作业者应具有有关污染损害民事责任保险或其他财务保证。

第十条 固定式和移动式平台应备有由主管部门批准格式的防污记录簿。

第十一条 固定式和移动式平台的含油污水，不得直接或稀释排放。经过处理后排放的污水，含油量必须符合国家有关含油污水排放标准。

第十二条 对其他废弃物的管理要求：

（一）残油、废油、油基泥浆、含油垃圾和其他有毒残液残渣，必须回收，不得排放或弃置入海；

（二）大量工业垃圾的弃置，按照海洋倾废的规定管理；零星工业垃圾，不得投弃于渔业水域和航道；

（三）生活垃圾，需要在距最近陆地十二海里以内投弃的，应经粉碎处理，粒径应小于二十五毫米。

第十三条 海洋石油勘探开发需要在重要渔业水域进行炸药爆破或其他对渔业资源有损害的作业时，应采取有效措施，避开主要经济鱼虾类的产卵、繁殖和捕捞季节，作业前报告主管部门，作业时并应有明显的标志、信号。

主管部门接到报告后，应及时将作业地点、时间等通告有关单位。

第十四条 海上储油设施、输油管线应符合防渗、防漏、防腐蚀的要求，并应经常检查，保持良好状态，防止发生漏油事故。

第十五条 海上试油应使油气通过燃烧器充分燃烧。对试油中落海的油类和油性混合物，应采取有效措施处理，并如实记录。

第十六条 企业、事业单位及作业者在作业中发生溢油、漏油等污染事故，应迅速采取围油、回收油的措施，控制、减轻和消除污染。

发生大量溢油、漏油和井喷等重大油污染事故，应立即报告主管部门，并采取有效措施，控制和消除油污染，接受主管部门的调查处理。

第十七条 化学消油剂要控制使用：

（一）在发生油污染事故时，应采取回收措施，对少量确实无法回收的油，准许使用少量的化学消油剂。

（二）一次性使用化学消油剂的数量（包括溶剂在内），应根据不同海域等情况，由主管部门另作具体规定。作业者应按规定向主管部门报告，经准许后方可使用。

（三）在海面浮油可能发生火灾或者严重危及人命和财产安全，又无法使用回收方法处理，而使用化学消油剂可以减轻污染和避免扩大事故后果的紧急情况下，使用化学消油剂的数量和报告程序可不受本条（二）项规定限制。但事后，应将事故情况和使用化学消油剂情况详细报告主管部门。

（四）必须使用经主管部门核准的化学消油剂。

第十八条 作业者应将下列情况详细地、如实地记载于平台防污记录簿：

（一）防污设备、设施的运行情况；

（二）含油污水处理和排放情况；

（三）其他废弃物的处理、排放和投弃情况；

（四）发生溢油、漏油、井喷等油污染事故及处理情况；

（五）进行爆破作业情况；

（六）使用化学消油剂的情况；

（七）主管部门规定的其他事项。

第十九条 企业和作业者在每季度末后十五日内，应按主管部门批准的格式，向主管部门综合报告该季度防污染情况及污染事故的情况。

固定式平台和移动式平台的位置，应及时通知主管部门。

第二十条 主管部门的公务人员或指派的人员，有权登临固定式和移动式平台以及其他有关设施，进行监测和检查。包括：

（一）采集各类样品；

（二）检查各项防污设备、设施和器材的装备、运行或使用情况；

（三）检查有关的文书、证件；

（四）检查防污记录簿及有关的操作记录，必要时可进行复制和摘录，并要求平台负责人签证该复制和摘录件为正确无误的副本；

（五）向有关人员调查污染事故；

（六）其他有关的事项。

第二十一条 主管部门的公务船舶应有明显标志。公务人员或指派的人员执行公务时，必须穿着公务制服，携带证件。

被检查者应为上述公务船舶、公务人员和指派人员提供方便，并如实提供材料，陈述情况。

第二十二条 受到海洋石油勘探开发污染损害，要求赔偿的单位和个人，应按照《中华人民共和国环境保护法》第三十二条的规定及《中华人民共和国海洋环境保护法》第四十二条的规定，申请主管部门处理，要求造成污染损害的一方赔偿损失。受损害一方应提交污染损害索赔报告书，报告书应包括以下内容：

（一）受石油勘探开发污染损害的时间、地点、范围、对象；

（二）受污染损害的损失清单，包括品名、数量、单价、计算方法，以及养殖或自然等情况；

（三）有关科研部门鉴定或公证机关对损害情况的签证；

（四）尽可能提供受污染损害的原始单证，有关情况的照片，其他有关索赔的证明单据、材料。

☞ **适用要点**

本条有关解决海洋环境侵权纠纷的途径，根据《中华人民共和国海洋环境保护法》的规定，造成海洋环境污染损害的责任者应当排除危害，赔偿损失；完全由于第三者的故意或者过失造成的，由第三者排除危害，并承担赔偿责任。

第二十三条 因清除海洋石油勘探开发污染物，需要索取清除污染物费用的单位和个人（有商业合同者除外），在申请主管部门处理时，应向主管部门提交索取清除费用报告书。该报告书应包括以下内容：

（一）清除污染物的时间、地点、对象；

（二）投入的人力、机具、船只、清除材料的数量、单价、计算方法；

（三）组织清除的管理费、交通费及其他有关费用；

（四）清除效果及情况；

（五）其他有关的证据和证明材料。

第二十四条 由于不可抗力发生污染损害事故的企业、事业单位、作业者，要求免于承担赔偿责任的，应向主管部门提交报告。该报告应能证实污染损害确实属于《中华人民共和国海洋环境保护法》第四十三条所列的情况之一，并经过及时采取合理措施仍不能避免的。

☞ **适用要点**

本条是有关免责事由中不可抗力的规定。根据《中华人民共和国民法典》第一百八十条第二款的规定，不可抗力是指不能预见、不能避免且不能克服的客观情况。既包括某些自然现象，如地震、海啸，也包括某些社会现象，如战争。不能预见，是指根据现有技术水平，一般人无法预料某种事件发生。不能避免且不能克服，是指当事人已经用尽一切可能，仍然不能避免损害发生。因不可抗力不能履行民事义务的，不承担民事责任。

第二十五条 主管部门受理的海洋石油勘探开发污染损害赔偿责任和赔偿金额纠纷，在调查了解的基础上，可以进行调解处理。

当事人不愿调解或对主管部门的调解处理不服的，可以按《中华人民共和国海洋环境保护法》第四十二条的规定办理。

☞ **适用要点**

本条将损害赔偿责任的规定采用“转致”的立法技术，直接适用相关法规。根据《中华人民共和国海洋环境保护法》第八十九条的规定，造成海洋环境污染损害的责任者，应当排除危害，并赔偿损失；完全由于第三者的故意或者过失，造成海洋环境污染损害的，由第三者排除危害，并承担赔偿责任。对破坏海洋生态、海洋水产资源、海洋保护区，给国家造成重大损失的，由依照本法规定行使海洋环境监督管理权的部门代表国家对责任者提出损害赔偿要求。《中华人民共和国民法典》第一千二百三十三条则对此作出了修改，因第三人的过错造成环境污染、破坏生态的，被侵权人可以向侵权人请求赔偿，也可以向第三人请求赔偿。侵权人赔偿后，有权向第三人追偿。这里需要注意的是，在后的一般法如果修改了在先的特别法规定，则应该适用在后的一般法优先适用的规则。不过，《中华人民共和国海洋环境保护法》相对于《中华人民共和国民法典》中侵权责任的规定是特别规定，对于第三人过错作出了特别规定，此处应适用《中华人民共和国海洋环境保护法》的规定。

第二十六条 主管部门对违反《中华人民共和国海洋环境保护法》和本条例的企业、事业单位、作业者，可以责令其限期治理，支付消除污染费用，赔偿国家损失；超过标准排放污染物的，可以责令其交纳排污费。

☞ **适用要点**

本条规定了限期治理制度。限期治理，是指对于现存的危害环境的污染源和污染严重的区域，依法限定其在一定期限内治理并达到规定要求的一系列措施。限期治理是为了适应环境保护制度从宽松过渡到严格而设立的，目前，部分海洋环境保护单行法律中还设有限期治理制度，如《中华人民共和国海洋倾废管理条例》《中华人民共和国海洋石油勘探开发环境保护管理条例实施办法》《中华人民共和国海洋石油勘探开发环境保护管理条例实施办法》《中华人民共和国防治陆源污染物污染损害海洋环境管理条例》《防止拆船污染环境管理条例》等，对于这些单行法律中限期治理的规定还可以继续执行。不过，限期治理的期限内不能超标超总量排放污染物，也不能将治理期限作为按日计罚的责令改正违法排污行为的期限。

第二十七条 主管部门对违反《中华人民共和国海洋环境保护法》和本条例的企业、事业单位、作业者和个人，可视其情节轻重，予以警告或罚款处分。

罚款分为以下几种：

（一）对造成海洋环境污染的企业、事业单位、作业者的罚款，最高额为人民币十万元。

（二）对企业、事业单位、作业者的下列违法行为，罚款最高额为人民币五千元：

1. 不按规定向主管部门报告重大油污染事故；

2. 不按规定使用化学消油剂。

（三）对企业、事业单位、作业者的下列违法行为，罚款最高额为人民币一千元：

1. 不按规定配备防污记录簿；

2. 防污记录簿的记载非正规化或者伪造；

3. 不按规定报告或通知有关情况；

4. 阻挠公务人员或指派人员执行公务。

（四）对有直接责任的个人，可根据情节轻重，酌情处以罚款。

☞ **适用要点**

相关的《中华人民共和国海洋环境保护法》条款已被修改，不再适用。

第二十八条 当事人对主管部门的处罚决定不服的，按《中华人民共和国海洋环境保护法》第四十一条的规定处理。

☞ **适用要点**

相关《中华人民共和国环境保护法》条款不再适用。

第二十九条 主管部门对主动检举、揭发企业、事业单位、作业者匿报石油勘探开发污染损害事故，或者提供证据，或者采取措施减轻污染损害的单位和个人，给予表扬和奖励。

第三十条 本条例中下列用语的含义是：

（一）"固定式和移动式平台"，即《中华人民共和国海洋环境保护法》中所称的钻井船、钻井平台和采油平台，并包括其他平台。

（二）“海洋石油勘探开发”，是指海洋石油勘探、开发、生产储存和管线输送等作业活动。

（三）“作业者”，是指实施海洋石油勘探开发作业的实体。

第三十一条　本条例自发布之日起施行。

中华人民共和国海洋石油勘探开发环境保护管理条例实施办法

（1990年9月20日国家海洋局令第1号公布　根据2016年1月5日国土资源部第1次部务会议《国土资源部关于修改和废止部分规章的决定》修正）

第一条　根据《中华人民共和国海洋环境保护法》第四十七条规定，为实施《中华人民共和国海洋石油勘探开发环境保护管理条例》（以下简称《条例》），制定本实施办法。

第二条　本办法适用于在中华人民共和国的内海、领海、及其他管辖海域从事石油勘探开发的任何法人、自然人和其他经济实体。

第三条　国家海洋局及其派出机构是实施本办法的主管部门。派出机构包括：分局及其所属的海洋管区（以下简称海区主管部门）。海洋监察站根据海洋管区的授权实施管理。

沿海省、自治区、直辖市海洋管理机构是主管部门授权实施本办法的地方管理机构。

第四条　凡在中国管辖海域从事海洋石油勘探开发者，应在实施作业前将海洋石油勘探开发位置、范围报海区主管部门。并按照“海洋石油勘探开发环境保护报告表”的内容和要求，向海区主管部门报告有关情况。

第五条 需使用炸药震源和其他对渔业资源有损害的方法进行海洋石油地震勘探作业时，应在开始作业之前半个月将计划和作业海区报告海区主管部门，并采用有效的技术措施，最大限度地减少对资源的损害或影响。

第六条 从事海洋石油开发者应在编制油（气）田总体开发方案的同时，按《条例》第五条规定的内容编报海洋环境影响报告书，并将经批准的环境影响报告书送交所处海区主管部门。

生产中（含试生产）的油（气）田，根据开采规模的变化及环境质量状况，作业者应对环境影响报告书适时进行补充完善，并报主管部门审查。

第七条 承担环境影响评价的单位必须具有从事海洋环境影响评价的能力，并持有甲级环境影响评价证书。

第八条 凡在中国管辖海域作业的固定式和移动式平台的防污设备必须符合《条例》第七条规定的要求，并经主管部门查验证书后，方可作业。

第九条 为防止和控制溢油污染，减少污染损害，从事海洋石油勘探开发的作业者，应根据油田开发规模、作业海域的自然环境和资源状况，制定溢油应急计划，报海区主管部门备案。

第十条 溢油应急计划包括以下内容：

一、平台作业情况及海域环境、资源状况；

二、溢油风险分析；

三、溢油应急能力。

第十一条 作业者应根据油田开发规模、风险分析情况等，配置相应的各种应急设备，使其具有处置与油田开发规模相适应的溢油事故的能力。

第十二条 固定式和移动平台及其他海上设施含油污水的排放，必须符合中华人民共和国颁布的有关国家标准。

一、机舱、机房和甲板含油污水的排放，应符合国家《船舶污染物排放标准（GB 3552—83)》。

二、采油工业污水排放，应符合国家《海洋石油开发工业含油污水排放标准（GB 4914—85)》。

三、含油污水在排放前不得稀释和加入消油剂进行预处理。

四、采油工业污水排放时，应按《海洋石油开发工业含油污水分析方法》的要求取样检测，并将测得结果记录于“防污记录簿”中。

检测分析仪器须是经检验合格的正式产品。

第十三条 钻井作业试油前，作业者应通知海区主管部门。试油期间，作业者应采取有效措施，防止油类造成污染。

第十四条 使用水基泥浆时，应尽可能避免或减少向水基泥浆中加入油类，如必须加入油类时，应在“防污记录簿”上记录油的种类、数量；含油水基泥浆排放前，应通知海区主管部门，并提交含油水基泥浆样品；含油量超过10%（重量）的水基泥浆，禁止向海中排放。含油量低于10%（重量）的水基泥浆，回收确有困难、经海区主管部门批准，可以向海中排放，但应交纳排污费。

含油水基泥浆排放前不得加入消油剂进行处理。

需使用油基泥浆时，应使用低毒油基泥浆；采取有效的技术措施，使钻屑与泥浆得到充分的分离；油基泥浆必须回收，不得排入海中；钻屑中的油含量超过15%（重量）时，禁止排放入海。含油量低于15%（重量）的钻屑，回收确有困难、经海区主管部门批准，可以向海中排放，但应交纳排污费。

海区主管部门可要求作业者提供钻井泥浆、钻屑样品。

作业者应将钻井泥浆、钻屑的含油量、排放时间、排放量等情况记录在“防污记录簿”中。

第十五条 一切塑料制品（包括但不限于合成缆绳、合成渔网和塑料袋等）和其他废弃物（包括残油、废油、含油垃圾及其残液残渣等），禁止排放或弃置入海，应集中储存在专门容器中，运回陆地处理。

不得在平台及其他海上设施上焚烧有毒化学制品。在平台上烧毁其纸制品、棉麻织物、木质包装材料时，不得造成海洋环境污染。

在距最近陆地12海里以内投弃食品废弃物，应使粒径小于25毫米；在此海域内排放粪便，须经消毒和粉碎等处理。

☞ **适用要点**

本条款是关于禁止塑料制品、粪便等废弃物弃置入海的规定。

本法第二十四条规定了海区主管部门有权依情节轻重和造成海洋环境有害影响的程度，对肇事者给予人民币5000元至1万元的罚款。

第十六条 作业者应在重要生产、输油环节采取有效措施，严格遵守操作规程，避免发生溢油事故。各类储油设施、输油管线应符合防渗、防漏、防腐要求。

第十七条 发生溢油事故时，作业者应尽快采取措施，切断溢源，防止或控制溢油扩大。

第十八条 发生任何溢油事故，作业者都必须向海区主管部门报告。报告的主要内容包括：事故发生时间、位置、原因；溢油的性质、状态、数量；责任人；当时海况；采取的措施；处理结果。同时应记录在“防污记录簿”中，并使用季度报表C“海洋石油污染事故情况报告表”，按季度报海区主管部门。

第十九条 以下两种溢油事故发生时，作业者应在24小时内报告海区主管部门。

一、平台距海岸20海里以内，溢油量超过1吨的；

二、平台距海岸20海里以外，溢油量超过10吨的。

以下两种溢油事故发生时，作业者应在48小时内报告海区主管部门。

一、平台距海岸20海里以内，溢油量不超过1吨的；

二、平台距海岸20海里以外，溢油量不超过10吨的。

第二十条 海面溢油应首先使用机械回收。消油剂应严格控制使用，并遵守《海洋石油勘探开发化学消油剂使用规定》。

第二十一条 勘探和采油生产作业完成之后，平台钻具、井架、井桩及其他设施不得任意弃置；对需在海上弃置的平台、井架、井桩及平台的有关设施，按海洋倾废管理的规定执行。

第二十二条 凡进行海洋石油勘探开发和生产作业的平台及设施，都必须备有“防污记录簿”和“季度防污报表”，并按要求填写，按时报海区主管部门。

平台作业时间不足一个季度的，并且在本季度内不再作业的，作业者应于平台作业结束后十五日内报海区主管部门。

第二十三条 对超过标准排放污染物的作业者，海区主管部门可以责令其缴纳排污费。由于设备和技术原因，长期达不到标准的，应限期治理，在治理期间收取超标排污费。

第二十四条 凡违反《中华人民共和国海洋环境保护法》、《条例》和本办法，按《条例》第二十七、二十八条规定，海区主管部门有权依情节轻重和造成海洋环境有害影响的程度，对肇事者给予警告或罚款。

一、不按《条例》第四条规定编报海洋环境影响报告书和造成海洋环境污染损害的，罚款金额为人民币一万元至十万元。

二、对作业者的下列违法行为，罚款金额为人民币五千元至一万元：

1. 不按规定备案溢油应急计划；

2. 不按《条例》第七条规定配备防污染设施或设施不合格的；

3. 不按本办法第十二、十四、十五条规定处理废弃物和含油污水。

三、对作业者的下列违法行为，罚款金额为人民币一千元至五千元：

1. 不按本办法第十八、十九条规定向海区主管部门报告溢油事故；

2. 不按规定使用化学消油剂。

四、对作业者的下列违法行为，罚款金额为人民币一千元以下：

1. 不按规定配备“防污记录簿”；

2. 涂改、伪造“防污记录簿”或记载非正规化；

3. 不按规定报告或通知有关情况；

4. 不按规定上报季度防污报表或伪造季度防污报表；

5. 不按本办法第十四条规定向海区主管部门提交样品；

6. 拒绝向执行检查任务的公务人员提供“防污记录簿”或如实陈述有关情况；

7. 阻挠或妨碍公务人员执行公务。

第二十五条 当事人对处罚决定不服的，可以在接到处罚通知之日起15日内，向作出处罚决定机关的上一级机关申请复议；对复议决定不服的，可以在接到复议决定之日起15日内，向人民法院起诉。当事人也可以在接到处罚通知之日起15日内，直接向人民法院起诉。当事人逾期不申请复议、也不向人民法院起诉、又不履行处罚决定的，由作出处罚决定的机关申请人民法院强制执行。

第二十六条 凡违反《条例》及本办法，造成公、私财产重大损失或致人员伤亡的，对直接责任人员由司法机关依法追究刑事责任。

第二十七条 赔偿责任包括：

一、由于作业者的行为造成海洋环境污染损害而引起海水水质、生物资源等损害，致使受害方为清除、治理污染所支付的费用；

二、由于作业者的行为造成海洋环境污染损害而引起受害方经济收入的损失金额，被破坏的生产工具修复更新费用，受害方因防止污染损害所采取的相应的预防措施所支出的费用；

三、为处理海洋石油勘探开发引起的污染损害事件所进行的调查费用。

第二十八条 受到海洋石油勘探开发污染损害，要求赔偿的单位、个人可以根据《条例》第二十二条的规定，向海区主管部门提出污染损害索赔报告书；参与清除污染作业的单位和个人，可以根据《条例》第二十三条的规定，向海区主管部门提交索取清除费用报告书。

海区主管部门对赔偿责任和赔偿金额纠纷，可以根据当事人的请求作出调解处理。当事人对调解处理不服的，可以向人民法院起诉。当事人也可以直接向人民法院起诉。涉外案件还可以按仲裁程序解决。

第二十九条 请求赔偿的诉讼时效期间为三年，从受害方知道或应当知道受油污损害之日算起。

赔偿纠纷处理结束后，受害方不得就同一污染事故再次提出索赔要求。

第三十条 由于战争行为、不可抗拒的自然灾害或完全由于第三者的故意或过失，虽然及时采取合理措施，但仍不能避免对海洋环境造成污染损害的，可免除发生事故的作业者的责任。

由于第三者的责任造成污染损害的，由第三者承担赔偿责任。

要求免于承担赔偿责任的作业者，应按《条例》第二十四条的规定，向主管部门提交报告。海区主管部门对免除责任的条件调查属实后，可作出免除赔偿责任的决定。

☞ **适用要点**

本条规定了在海洋石油勘探开发中造成海洋污染的免责事由，包括战争行为、不可抗拒的自然灾害以及完全由于第三人的过错。

对于不可抗拒的自然灾害，作业者还需要向主管部门提交报告予以证明。根据《中华人民共和国海洋石油勘探开发环境保护管理条例》第二十四条的规定，由于不可抗力发生污染损害事故的企业、事业单位、作业者，要求免于承担赔偿责任的，应向主管部门提交报告。该报告应能证实污染损害确实属于《中华人民共和国海洋环境保护法》规定的免责事由之一，并经过及时采取合理措施仍不能避免的。

这里的第三人过错，要求是“完全的”，即必须是构成海洋污染的全部原因。

第三十一条　凡在海洋石油勘探开发中防止海洋污染，保护海洋环境有成绩的单位和个人，海区主管部门应给予表扬和奖励。

第三十二条　在本办法中，下列用语含义是：

一、“油类”系指任何类型的油及其炼制品。

二、“内海”系指领海基线内侧的全部海域，包括：（1）海湾、海峡、海港、河口湾；（2）领海基线与海岸之间的海域；（3）被陆地包围或通过狭窄水道连接海洋的海域。

三、“应急能力”系指溢油应急的技术设备、通信能力、应急组织及职责、实施预案、海面溢油清除办法、人员的培训等。

四、“溢油事故”系指非正常作业情况下原油及其炼制品的泄漏。溢油事故按其溢油量分为大、中、小三类，溢油量小于10吨的为小型溢油事故；溢油量在10～100吨的为中型溢油事故；溢油量大于100吨的为大型溢油事故。

第三十三条　本办法由国家海洋局负责解释。

第三十四条　本办法自颁布之日起生效。

注：在本办法第十二条规定的《海洋石油开发工业含油污水分析方法》未颁布前，暂按《石油工业废水水质监测分析方法》执行。

《海洋石油勘探开发化学消油剂使用规定》由主管部门另行制定。

中华人民共和国
海洋倾废管理条例实施办法

（1990 年 9 月 25 日国家海洋局令第 2 号公布　根据 2016 年 1 月 5 日《国土资源部关于修改和废止部分规章的决定》第一次修正　根据 2017 年 12 月 27 日《国土资源部关于修改和废止部分规章的决定》第二次修正）

第一条　根据《中华人民共和国海洋环境保护法》第四十七条的规定，为实施《中华人民共和国海洋倾废管理条例》（以下简称《条例》），加强海洋倾废管理，制定本办法。

第二条　本办法适用于任何法人、自然人和其他经济实体向中华人民共和国的内海、领海、大陆架和其他一切管辖海域倾倒废弃物和其他物质的活动。

本办法还适用于《条例》第三条二、三、四款所规定的行为和因不可抗拒的原因而弃置船舶、航空器、平台和其他载运工具的行为。

第三条　国家海洋局及其派出机构（以下简称海区主管部门）是实施本办法的主管部门。

第四条　为防止或减轻海洋倾废对海洋环境的污染损害，向海洋倾倒的废弃物及其他物质应视其毒性进行必要的预处理。

第五条　废弃物依据其性质可分为一、二、三类废弃物。

一类废弃物是指列入《条例》附件一的物质，该类废弃物禁止向海洋倾倒。除非在陆地处置会严重危及人类健康，而海洋倾倒是防止威胁的唯一办法时可以例外。

二类废弃物是指列入《条例》附件二的物质和附件一第一、三款属“痕量沾污”或能够“迅速无害化”的物质。

三类废弃物是指未列入《条例》附件一、附件二的低毒、无害的物质和附件二第一款，其含量小于“显著量”的物质。

第六条 未列入《条例》附件一、附件二的物质，在不能肯定其海上倾倒是无害时，须事先进行评价，确定该物质类别。

第七条 海洋倾倒区分为一、二、三类倾倒区，试验倾倒区和临时倾倒区。

一、二、三类倾倒区是为处置一、二、三类废弃物而相应确定的，其中一类倾倒区是为紧急处置一类废弃物而确定的。

试验倾倒区是为倾倒试验而确定的（使用期不超过两年）。

临时倾倒区是因工程需要等特殊原因而划定的一次性专用倾倒区。

第八条 一类、二类倾倒区由国家海洋局组织选划。

三类倾倒区、试验倾倒区、临时倾倒区由海区主管部门组织选划。

第九条 一、二、三类倾倒区经商有关部门后，由国家海洋局报国务院批准，国家海洋局公布。

试验倾倒区由海区主管部门（分局级）商海区有关单位后，报国家海洋局审查确定，并报国务院备案。

试验倾倒区经试验可行，商有关部门后，再报国务院批准为正式倾倒区。

临时倾倒区由海区主管部门（分局级）审查批准，报国家海洋局备案。使用期满，立即封闭。

第十条 海洋倾废实行许可证制度。

倾倒许可证应载明倾倒单位，有效期限和废弃物的数量、种类、倾倒方法等。

倾倒许可证分为紧急许可证、特别许可证、普通许可证。

第十一条 凡向海洋倾倒废弃物的废弃物所有者及疏浚工程单

位，应事先向主管部门提出倾倒申请，办理倾倒许可证。

废弃物所有者或疏浚工程单位与实施倾倒作业单位有合同约定，依合同规定实施倾倒作业单位也可向主管部门申请办理倾倒许可证。

第十二条 申请倾倒许可证应填报倾倒废弃物申请书。

第十三条 主管部门在收到申请书后两个月内应予以答复。经审查批准的应签发倾倒许可证。

紧急许可证由国家海洋局签发或者经国家海洋局批准，由海区主管部门签发。

特别许可证、普通许可证由海区主管部门签发。

第十四条 紧急许可证为一次性使用许可证。

特别许可证有效期不超过六个月。

普通许可证有效期不超过一年。

许可证有效期满仍需继续倾倒的，应在有效期满前二个月到发证主管部门办理换证手续。

倾倒许可证不得转让；倾倒许可证使用期满后十五日内交回发证机关。

第十五条 申请倾倒许可证和更换倾倒许可证应缴纳费用。具体收费项目和收费标准由国家物价局、国家海洋局另行规定。

第十六条 检验工作由海区主管部门委托检验机构依照有关评价规范开展。

第十七条 一类废弃物禁止向海上倾倒。但在符合本办法第五条第二款规定的条件下，可以申请获得紧急许可证，到指定的一类倾倒区倾倒。

第十八条 二类废弃物须申请获得特别许可证，到指定的二类倾倒区倾倒。

第十九条 三类废弃物须申请获得普通许可证，到指定的三类倾倒区倾倒。

第二十条 含有《条例》附件一、二所列物质的疏浚物的倾倒，按“疏浚物分类标准和评价程序”实施管理。

第二十一条 向海洋处置船舶、航空器、平台和其他海上人工构造物，须获得海区主管部门签发的特别许可证，按许可证的规定处置。

第二十二条 油污水和垃圾回收船对所回收的油污水、废弃物经处理后，需要向海洋倾倒的，应向海区主管部门提出申请，取得倾倒许可证后，到指定区域倾倒。

第二十三条 向海洋倾倒军事废弃物的，应由军队有关部门按本办法的规定向海区主管部门申请，按许可证的要求倾倒。

第二十四条 为开展科学研究，需向海洋投放物质的单位，应按本办法的规定程序向海区主管部门申请，并附报投放试验计划和海洋环境影响评估报告，海区主管部门核准签发相应类别许可证。

第二十五条 所有进行倾倒作业的船舶、飞机和其他载运工具应持有倾倒许可证（或许可证副本），未取得许可证的船舶、飞机和其他载运工具不得进行倾倒。

第二十六条 进行倾倒作业的船舶、飞机和其他载运工具在装载废弃物时，应通知发证主管部门核实。

利用船舶运载出港的，应在离港前通知就近港务监督核实。

凡在军港装运的，应通知军队有关部门核实。

如发现实际装载与倾倒许可证注明内容不符，则不予放行，并及时通知发证主管部门处理。

第二十七条 进行倾倒作业的船舶、飞机和其他载运工具应将作业情况如实详细填写在倾倒情况记录表和航行日志上，并在返港后十五日内将记录表报发证机关。

第二十八条 “中国海监”船舶、飞机、车辆负责海上倾倒活动的监视检查和监督管理。必要时海洋监察人员也可登船或随倾废船舶或其他载运工具进行监督检查。实施倾倒作业的船舶（或其他载运工具）应为监察人员履行公务提供方便。

第二十九条 主管部门对海洋倾倒区进行监测，如认定倾倒区不宜继续使用时，应予以封闭，并报国务院备案。

主管部门在封闭倾倒区之前两个月向倾倒单位发出通告，倾倒单位须从倾倒区封闭之日起终止在该倾倒区的倾倒。

第三十条 为紧急避险、救助人命而未能按本办法规定的程序申请倾倒的或未能按倾倒许可证要求倾倒的，倾倒单位应在倾倒后十日内向海区主管部门提交书面报告。报告内容应包括：倾倒时间和地点，倾倒物质特性和数量，倾倒时的海况和气象情况，倾倒的详细过程，倾倒后采取的措施及其他事项等。

航空器应在紧急放油后十日内向海区主管部门提交书面报告，报告内容应包括航空器国籍、所有人、机号、放油时间、地点、数量、高度及具体放油原因等。

第三十一条 因不可抗拒的原因而弃置的船舶、航空器、平台和其他载运工具，应尽可能地关闭所有油舱（柜）的阀门和通气孔，防止溢油。弃置后其所有人应在十日内向海区主管部门和就近的港务监督报告，并根据要求进行处置。

第三十二条 向海洋弃置船舶、航空器、平台和其他海上人工构造物前，应排出所有的油类和其他有害物质。

第三十三条 需要设置海上焚烧设施，应事先向海区主管部门申请，申请时附报该设施详细技术资料，经海区主管部门批准后，方可建立。设施建成后，须经海区主管部门检验核准。

实施焚烧作业的单位，应按本办法的规定程序向海区主管部门申请海上焚烧许可证。

第三十四条 违反《条例》和本实施办法，造成或可能造成海洋环境污染损害的，海区主管部门可依照《条例》第十七条、第二十条和第二十一条的规定，予以处罚。

☞ **适用要点**

《中华人民共和国海洋倾废管理条例》第十七条作出了一般性规

定，造成海洋环境污染损害的，主管部门可责令其限期治理，支付清除污染费，向受害方赔偿由此所造成的损失，并视情节轻重和污染损害的程度，处以警告或人民币10万元以下的罚款。

只要不在《中华人民共和国海洋环境保护法》第七十三条、第七十四条、第八十五条、第九十条，以及《中华人民共和国海洋倾废管理条例》第二十条规定之内的，违反《中华人民共和国海洋倾废管理条例》和本实施办法，造成或可能造成海洋环境污染损害的行为均可适用。

未获得主管部门签发的倾倒许可证，擅自倾倒和未按批准的条件或区域进行倾倒的，按《条例》第二十条有关规定处罚。

☞ **适用要点**

根据《中华人民共和国海洋倾废管理条例》第二十条的规定，对于未获得主管部门签发的倾倒许可证，擅自倾倒和未按批准的条件或区域进行倾倒的，处以人民币2万元以上10万元以下的罚款。《中华人民共和国海洋环境保护法》作出了更为严格的规定。对于未获得主管部门签发的倾倒许可证，擅自倾倒的。《中华人民共和国海洋环境保护法》第七十三条规定，由依照本法规定行使海洋环境监督管理权的部门责令停止违法行为、限期改正或者责令采取限制生产、停产整治等措施，并处以罚款；拒不改正的，依法作出处罚决定的部门可以自责令改正之日的次日起，按照原罚款数额按日连续处罚；情节严重的，报经有批准权的人民政府批准，责令停业、关闭。

对于未按批准的条件或区域进行倾倒的，《中华人民共和国海洋环境保护法》第八十五条规定，由海洋行政主管部门予以警告，并处3万元以上20万元以下的罚款；对情节严重的，可以暂扣或者吊销许可证。

第三十五条 对处罚不服者，可在收到行政处罚决定之日起十五日内向作出处罚决定机关的上一级机关申请复议。对复议结果不服的，从收到复议决定之日起十五日内，向人民法院起诉；当事人也可在收到处罚决定之日起十五日内直接向人民法院起诉。

当事人逾期不申请复议，也不向人民法院起诉，又不履行处罚决定的，由作出处罚决定的机关申请人民法院强制执行。

第三十六条 违反《条例》和本实施办法，造成海洋环境污染损害和公私财产损失的，肇事者应承担赔偿责任。

第三十七条 赔偿责任包括：

1. 受害方为清除、治理污染所支付的费用及对污染损害所采取的预防措施所支付的费用。

2. 污染对公私财产造成的经济损失，对海水水质、生物资源等的损害。

3. 为处理海洋倾废引起的污染损害事件所进行的调查费用。

第三十八条 赔偿责任和赔偿金额的纠纷，当事人可依照民事诉讼程序向人民法院提起诉讼；也可请求海区主管部门进行调解处理。对调解不服的，也可以向人民法院起诉；涉外案件还可以按仲裁程序解决。

第三十九条 因环境污染损害赔偿提起诉讼的时效期间为三年，从当事人知道或应当知道受到污染损害时计算。

赔偿纠纷处理结束后，受害方不得就同一污染事件再次提出索赔要求。

第四十条 由于战争行为、不可抗拒的自然灾害或由于第三者的过失，虽经及时采取合理措施，但仍不能避免造成海洋环境污染损害的，可免除倾倒单位的赔偿责任。

由于第三者的责任造成污染损害的，由第三者承担赔偿责任。

因不可抗拒的原因而弃置的船舶、航空器、平台和其他载运工具，不按本办法第三十一条规定要求进行处置而造成污染损害的应承担赔偿责任。

海区主管部门对免除责任的条件调查属实后，可做出免除赔偿责任的决定。

☞ **适用要点**

本条规定了在海洋倾废中造成海洋污染的免责事由，包括战争行为、不可抗拒的自然灾害以及第三人的过失。值得注意的是，对于第三人的过失，与《中华人民共和国海洋石油勘探开发环境保护管理条例实施办法》不相同，不要求是“完全的”，即不要求第三人的过失是构成海洋污染的全部原因。

第四十一条 本办法下列用语的含义是：

1. “内海”系指领海基线内侧的全部海域（包括海湾、海峡、海港、河口湾）；领海基线与海岸之间的海域；被陆地包围或通过狭窄水道连接海洋的海域。

2. “疏浚物倾倒”系指任何通过或利用船舶或其他载运工具，有意地在海上以各种方式抛弃和处置疏浚物。“疏浚物”系指任何疏通、挖深港池、航道工程和建设、挖掘港口、码头、海底与岸边工程所产生的泥土、沙砾和其他物质。

3. “海上焚烧”系指以热摧毁方式在海上用焚烧设施有目的地焚烧有害废弃物的行为，但不包括船舶或其他海上人工构造物在正常操作中所附带发生的此类行为。

4. “海上焚烧设施”系指为在海上焚烧目的作业的船舶、平台或人工构造物。

5. “废弃物和其他物质”系指为弃置的目的，向海上倾倒或拟向海上倾倒的任何形式和种类的物质与材料。

6. “迅速无害化”系指列入《条例》附件一的某些物质能通过海上物理、化学和生物过程转化为无害，并不会使可食用的海洋生物变味或危及人类健康和家畜家禽的正常生长。

7. “痕量沾污”即《条例》附件一中的“微含量”，系指列入《条例》附件一的某些物质在海上倾倒不会产生有害影响，特别是不会对海洋生物或人类健康产生急性或慢性效应，不论这类毒性效应是否是由于这类物质在海洋生物尤其是可食用的海洋生物富集而引起的。

8. “显著量”即《条例》附件二中的“大量”。系指列入《条例》附件二的某些物质的海上倾倒，经生物测定证明对海洋生物有慢性毒性效应，则认为该物质的含量为显著量。

9. “特别管理措施”系指倾倒非“痕量沾污”，又不能“迅速无害化”的疏浚物时，须采取的一些行政或技术管理措施。通过这些措施降低疏浚物中所含附件一或附件二物质对环境的影响，使其不对人类健康和生物资源产生危害。

第四十二条 本办法由国家海洋局负责解释。

第四十三条 本办法自发布之日起开始施行。

倾倒区管理暂行规定

（2003 年 11 月 14 日 国海发〔2003〕23 号）

第一条 为加强海洋倾废管理，保护海洋环境，科学合理地利用倾倒区，根据《中华人民共和国海洋环境保护法》和《中华人民共和国海洋倾废管理条例》有关规定，制定本规定。

第二条 在中华人民共和国内水、领海、毗连区、专属经济区、大陆架及中华人民共和国管辖的其他海域从事与倾倒区选划、使用、监测、管理有关活动的单位和个人应遵守本规定。

第三条 本规定所指的倾倒区包括海洋倾倒区和临时性海洋倾倒区。

海洋倾倒区是指由国务院批准的、供某一区域在海上倾倒日常生产建设活动产生的废弃物而划定的长期使用的倾倒区。

临时性海洋倾倒区是指为满足海岸和海洋工程等建设项目的需要而划定的限期、限量倾倒废弃物的倾倒区。

第四条 国家海洋局及其海区分局是实施本规定的主管部门。

第五条 选划倾倒区应当符合全国海洋功能区划和全国海洋环境保护规划的要求。

第六条 国家海洋局根据全国海洋功能区划、全国海洋环境保护规划及沿海经济发展需要制定倾倒区规划。

第七条 临时性海洋倾倒区由国家海洋局负责审批。

国家海洋局受理和组织选划下列临时性海洋倾倒区：

（一）疏浚物或惰性无机地质废料总倾倒量在500万m^3（含500万m^3）以上的临时性海洋倾倒区；

（二）倾倒除疏浚物、惰性无机地质废料和人体骨灰以外的其它废弃物的临时性海洋倾倒区；

（三）倾倒作业活动涉及两个海区的临时性海洋倾倒区；

（四）军事工程、绝密工程等特殊性质工程使用的临时性海洋倾倒区；

（五）香港、澳门特别行政区的废弃物在内地管理海域倾倒的临时性海洋倾倒区；

（六）国家海洋局认为对海洋环境可能产生较大影响的其它临时性海洋倾倒区。

国家海洋局海区分局受理和组织选划前款规定以外的临时性海洋倾倒区。

第八条 海洋倾倒区由国家海洋局根据倾倒区规划提出并组织选划，也可由需要倾倒废弃物的单位提出选划申请，经国家海洋局同意后开展选划工作。

临时性海洋倾倒区由需要倾倒废弃物的单位在工程可行性研究阶段向具有受理权限的主管部门提出书面申请，经同意后开展选划工作。

申请报告的主要内容包括：申请理由，拟倾倒废弃物的名称、数量、作业时限、废弃物特性以及其它有关材料。

第九条 主管部门在接到需要倾倒废弃物的单位书面申请之日

起10个工作日内做出是否同意选划倾倒区的答复。

第十条 倾倒区选划程序如下：

（一）由申请单位委托主管部门认可的选划技术单位编制倾倒区选划大纲。

（二）主管部门自收到申请单位提交的倾倒区选划大纲送审稿之日起15个工作日内组织评审。

（三）主管部门自收到申请单位提交的倾倒区选划大纲报批稿之日起15个工作日内提出审查意见回复申请单位。

（四）申请单位根据主管部门对选划大纲的审查意见开展倾倒区选划工作并编制倾倒区选划报告。

（五）主管部门自收到申请单位提交的倾倒区选划报告送审稿之日起15个工作日内组织评审。

（六）申请单位将倾倒区选划报告报批稿报送主管部门，并抄送海事、渔业行政主管部门和所在海域的省级海洋行政主管部门。由国家海洋局组织选划的，申请单位应将倾倒区选划报告报批稿同时报送国家海洋局海区分局。

（七）国家海洋局海区分局应在收到倾倒区选划报告报批稿之日起10个工作日内提出初审意见报国家海洋局。

（八）国家海洋局自收到海洋倾倒区选划报告报批稿之日起15个工作日内送国务院环境保护行政主管部门审核。国务院环境保护行政主管部门应在15个工作日内提出审核意见并回复国家海洋局，逾期未回复审核意见则视为同意。国家海洋局在收到国务院环境保护行政主管部门的审核意见之日起15个工作日内将海洋倾倒区选划报告报国务院审批。

国家海洋局自收到临时性海洋倾倒区选划报告报批稿之日起30个工作日内予以审批。

第十一条 国家海洋局组织倾倒区选划大纲和选划报告评审时，征求国家海事、渔业行政主管部门的意见。

国家海洋局海区分局组织倾倒区选划大纲和选划报告评审时，征求所在海区国家海事、渔业行政主管部门直属机构的意见。

国家海事、渔业行政主管部门或其直属机构应在倾倒区选划大纲和选划报告评审后10个工作日内向国家海洋局或海区分局提交书面意见，逾期则视为同意。

主管部门在组织选划倾倒区时应征求所在海域省级海洋行政主管部门意见。

第十二条 在编制倾倒区选划报告时，应对废弃物的特性、成分、倾倒的方式、数量、强度、频率、倾倒物质的扩散方式、倾倒物质对海洋生态环境、通航安全、海洋开发利用活动的影响等因素进行分析并做出相应的结论；同时要提出防止倾倒污染的管理措施、对策和建议。

第十三条 在已有倾倒区的附近海域，原则上不再设立新的倾倒区。但是已有的倾倒区由于其容量、环境因素以及经济和社会条件等原因不宜使用或不能满足倾倒作业需要时，可选划新的倾倒区。

第十四条 两项以上工程同时使用一个临时性海洋倾倒区时，可按照总倾倒量将选划论证工作予以合并，提交一份选划报告。

一项工程使用另一项工程已选划或正在使用的临时性海洋倾倒区时，应在原选划工作的基础上对倾倒增量的可行性进行论证，并提交论证报告，报国家海洋局批准。

第十五条 疏浚物倾倒总量在50万m^3以下的工程项目需要使用临时性海洋倾倒区时，可由选划技术单位在收集倾倒区及其附近海域现有自然环境和社会经济资料的基础上开展专题论证，直接编制选划报告。倾倒申请单位将选划报告报送国家海洋局海区分局，海区分局在组织专家审查并征求有关部门意见后提出初审意见，报国家海洋局审批。

疏浚物倾倒总量在5万m^3以下且对海洋环境影响很小的工程项目需要使用临时性海洋倾倒区时，由国家海洋局海区分局在征求有关部门意见后确定临时性海洋倾倒区的位置和范围，报国家海洋局审批。

人体骨灰所需的倾倒区由国家海洋局海区分局根据需要指定倾倒区域。

第十六条 国家海洋局负责发布海洋倾倒区公告。公告内容包括海洋倾倒区的位置、倾倒废弃物的种类和数量、使用期限等。

国家海洋局海区分局负责发布临时性海洋倾倒区公告。公告内容包括临时性海洋倾倒区的位置、倾倒单位、工程名称、倾倒数量、作业时间和倾倒区使用期限等。

第十七条 当海洋倾倒区不宜使用或暂时不宜使用时，由国家海洋局予以封闭或暂停使用，并发布公告。

当临时性海洋倾倒区不宜使用或暂时不宜使用时，由国家海洋局海区分局予以封闭或暂停使用，并发布公告。

对使用期限已满或倾倒活动已结束的临时性海洋倾倒区，国家海洋局海区分局应在期满或倾倒作业结束后立即予以封闭，并于封闭后 20 个工作日内报国家海洋局备案。

废弃物倾倒单位应自倾倒区暂停使用或封闭之日起终止在该倾倒区的倾倒作业。

第十八条 临时性海洋倾倒区的有效期一般不超过 3 年。在临时性海洋倾倒区 3 年期满时，倾倒作业尚未完成的，废弃物倾倒单位必须向主管部门提出延期申请，并提交环境监测报告。

主管部门根据倾倒作业状况和环境监测结论做出是否延期的决定，并将延期使用情况通告国家海事、渔业行政主管部门或其直属机构。临时性海洋倾倒区的延长期限不得超过 1 年。

第十九条 废弃物倾倒单位在实施倾倒作业过程中应当接受中国海监机构的监督检查，并为执法人员执行公务提供方便。

第二十条 在产业活动密集区域或倾倒作业活动与其他产业活动容易发生冲突的区域划定的倾倒区实施倾倒作业时，废弃物倾倒单位应当发布倾倒作业公告。

第二十一条 国家海洋局海区分局应当根据倾倒区使用的状况适时组织环境监测工作，并根据监测结果制定相应的管理措施，包括封闭或暂停使用倾倒区，调整倾倒的方式、数量、强度、使用年限等。

废弃物倾倒单位应当委托主管部门认可的机构承担倾倒区进行监测与评价工作，监测评价方案应当报国家海洋局海区分局核准。

第二十二条 国家海洋局海区分局应将海洋倾倒区的监测结果定期报送国家海洋局备案。

在临时性海洋倾倒区倾倒作业结束后90日内，废弃物倾倒单位应向国家海洋局海区分局提交环境监测评价报告。主管部门可根据临时性海洋倾倒区的使用状况和倾倒作业强度，要求废弃物倾倒单位提交阶段性监测结果。

第二十三条 倾倒区的选划和监测工作应当符合倾倒区选划和监测技术规范。

第二十四条 承担倾倒区选划和环境监测的单位对选划结论和监测结论负责，并严格按照国家有关规定收取倾倒区选划费用和海洋环境监测费用。

第二十五条 违反本规定，未开展倾倒区选划工作擅自实施倾倒作业的，主管部门按《中华人民共和国海洋环境保护法》第七十三条之规定予以处罚。

☞ **适用要点**

根据《中华人民共和国海洋环境保护法》第七十三条的规定，“未取得海洋倾倒许可证，向海洋倾倒废弃物的”的行为，属于“不按照本法规定向海洋排放污染物”，由依照本法规定行使海洋环境监督管理权的部门责令停止违法行为、限期改正或者责令采取限制生产、停产整治等措施，并处2万元以上10万元以下的罚款；拒不改正的，依法作出处罚决定的部门可以自责令改正之日的次日起，按照原罚款数额按日连续处罚；情节严重的，报经有批准权的人民政府批准，责令停业、关闭。

第二十六条 违反本规定，向已封闭的倾倒区倾倒废弃物的，主管部门按《中华人民共和国海洋环境保护法》第八十六条之规定予以处罚。

☞ **适用要点**

根据《中华人民共和国海洋环境保护法》第八十五条①的规定，“向已封闭的倾倒区倾倒废弃物”的行为，属于“不按照许可证的规定倾倒，或者向已经封闭的倾倒区倾倒废弃物”，由海洋行政主管部门予以警告，并处3万元以上20万元以下的罚款；对情节严重的，可以暂扣或者吊销许可证。

第二十七条 废弃物倾倒单位违反本规定，在倾倒区选划工作中弄虚作假的，由主管部门给予警告；情节严重的，主管部门可责令其停止倾倒作业，吊销倾倒许可证。

第二十八条 从事倾倒区选划和监测的单位，在倾倒区选划和监测工作中弄虚作假的，由主管部门予以警告；情节严重的，在5年之内不得从事倾倒区选划和监测工作。

第二十九条 废弃物倾倒单位不按规定向主管部门提供倾倒情况记录、拒绝接受中国海监机构的现场检查、或者在检查中弄虚作假的，主管部门按《中华人民共和国海洋环境保护法》第七十四条第三项、第七十五条之规定予以处罚。

☞ **适用要点**

《倾倒区管理暂行规定》本条规定的“废弃物倾倒单位不按规定向主管部门提供倾倒情况记录”的行为，属于《中华人民共和国

① 注：2003年颁布的《倾倒区管理暂行规定》第二十六条中所称“《中华人民共和国海洋环境保护法》第八十六条”指1999年《中华人民共和国海洋环境保护法》（已修改）第八十六条，适用要点中已根据现行法进行了阐述，本书适用要点中存在的同类情况下文不再提示，对于条文序号没有改变的情况也不再提示。

海洋环境保护法》第七十四条第三项规定的“不按照规定记录倾倒情况，或者不按照规定提交倾倒报告”，由依照本法规定行使海洋环境监督管理权的部门予以警告，或者处2万元以下的罚款。

《倾倒区管理暂行规定》本条规定的“拒绝接受中国海监机构的现场检查、或者在检查中弄虚作假”的行为，属于《中华人民共和国海洋环境保护法》第七十五条规定的“拒绝现场检查，或者在被检查时弄虚作假”，由依照本法规定行使海洋环境监督管理权的部门予以警告，并处2万元以下的罚款。

第三十条 对违反本规定，造成海洋环境污染损害的，由主管部门依照《中华人民共和国海洋环境保护法》和《中华人民共和国海洋倾废管理条例》的有关规定予以处理。

第三十一条 本规定自2004年1月1日起施行。

海洋石油平台弃置管理暂行办法

（2002年6月24日 国海发〔2002〕21号）

第一条 为加强对海洋石油平台弃置活动的管理，根据《中华人民共和国海洋环境保护法》及有关法律法规的规定，制定本办法。

第二条 凡在中华人民共和国内水、领海、毗连区、专属经济区、大陆架以及中华人民共和国管辖的其他海域进行海洋石油平台弃置活动的，适用本办法。

第三条 本办法所指的海洋石油平台（以下简称平台）包括海洋石油勘探开发活动中所使用的固定式平台、移动式平台、单点系泊等配套设施和其它浮动工具。

第四条 进行海洋石油平台弃置活动，应当按照国家海洋行政主管部门的要求采取有效措施，保护海洋环境，防止对海洋环境造成有害影响。

平台所有者在海上石油平台弃置活动中，应拆除可能造成海洋环境污染的设备和设施。

第五条 海洋石油平台弃置可分为原地弃置、异地弃置和将平台改做他用三种方式。

第六条 停止海洋油气开发作业的平台所有者应当在平台停止生产作业90日之前，向国家海洋行政主管部门提出平台弃置的书面申请。

书面申请应当包括以下内容：

1. 弃置平台的概况，包括其名称、地理位置、所有者及使用时间；

2. 终止作业的原因；

3. 预计停产日期及进行弃置的起止时间；

4. 平台的主要结构及其功能；

5. 平台的弃置方式及与其他弃置方式的比较；

6. 原地弃置平台保留设施的基本情况。

第七条 平台在原地弃置的，平台的所有者向国家海洋行政主管部门提交申请书时，应当同时报送平台弃置对周围海域的环境影响评估论证报告。

环境影响评估论证报告应当包括以下内容：

1. 平台周围海域的自然状况及环境状况；

2. 平台弃置作业期间对海洋环境可能造成的影响分析；

3. 平台弃置采取的海洋环境保护措施和环保应急计划；

4. 平台弃置后漂离原地的风险分析；

5. 平台弃置后腐蚀的速率可能对海洋环境造成的影响分析；

6. 平台弃置后对水面或水下航行等其他海洋功能使用和海洋资源开发的影响分析以及解决的措施；

7. 平台弃置后的监测计划及监控措施。

☞ **适用要点**

根据《防治海洋工程建设项目污染损害海洋环境管理条例》第三条的规定，海洋工程，是指以开发、利用、保护、恢复海洋资源为目的，并且工程主体位于海岸线向海一侧的新建、改建、扩建工程。具体包括：围填海、海上堤坝工程；人工岛、海上和海底物资储藏设施、跨海桥梁、海底隧道工程；海底管道、海底电（光）缆工程；海洋矿产资源勘探开发及其附属工程；海上潮汐电站、波浪电站、温差电站等海洋能源开发利用工程；大型海水养殖场、人工鱼礁工程；盐田、海水淡化等海水综合利用工程；海上娱乐及运动、景观开发工程。因此，海洋石油平台属于海洋矿产资源勘探开发及其附属工程，弃置对周围海域的环境影响评估应适用海洋工程建设项目的相关规定。

第八条 平台在海上异地弃置的，平台的所有者向国家海洋行政主管部门提交申请时，应同时报送临时性海洋倾倒区选划论证报告。

第九条 停止海洋油气开发作业的平台需要改做他用的，平台所有者向国家海洋行政主管部门提交申请时，应同时报送海洋工程建设项目环境影响报告书。

第十条 国家海洋行政主管部门自受理平台弃置申请之日起60日内征求有关部门意见后做出审批决定，并将审批结果书面通知申请者。

国家海洋行政主管部门在做出审批决定后，应将审批决定通报有关部门。

第十一条 平台所有者必须按照国家海洋行政主管部门批准的要求进行平台弃置，并应在停止油气开发作业之日起的一年内进行平台弃置。

第十二条 废弃的平台妨碍海洋主导功能使用的必须全部拆除。

在领海以内海域进行全部拆除的平台，其残留海底的桩腿等应当切割至海底表面 4 米以下。在领海以外残留的桩腿等设施，不得妨碍其它海洋主导功能的使用。

第十三条 平台在海上弃置的，应当封住采油井口，防止地层内的流体流出海底对海洋环境造成污染损害，并拆除一切可能对海洋环境和资源造成损害的设施。

第十四条 弃置平台的海上留置部分，应当进行清洗或防腐蚀处理。

海上清洗或者防腐蚀作业，应当采取有效措施防止油类、油性混合物或其它有害物质污染海洋环境，清洗产生的废水必须经过处理达标后方可排放。

第十五条 弃置平台的海上留置部分，其所有者应当负责日常维护与管理，设立助航标志。

第十六条 国家海洋行政主管部门所属的中国海监机构负责海洋石油平台弃置活动的现场监督检查。

第十七条 违反本办法第六条、第七条、第八条，擅自进行平台弃置的，由国家海洋行政主管部门根据《中华人民共和国海洋环境保护法》第七十三条第一款第（三）项、第二款的规定予以处罚。

第十八条 违反本办法第九条的，由国家海洋行政主管部门根据《中华人民共和国海洋环境保护法》第八十三条的规定予以处罚。

第十九条 违反本办法第十一条、第十二条、第十三条的，由国家海洋行政主管部门根据《中华人民共和国海洋环境保护法》第八十六条的规定予以处罚。

☞ **适用要点**

本条是关于未按要求弃置平台处罚的规定。未按要求弃置平台有三种情况：平台所有者未在停止油气开发作业之日起的一年内进行平台弃置；妨碍海洋主导功能使用的没有全部拆除；没有封住采油井口，致使地层内的流体流出海底对海洋环境造成污染损害。根据《中华人民共和国海洋环境保护法》第八十五条的规定，这三类行为属于“不按照许可证的规定倾倒，或者向已经封闭的倾倒区倾倒废弃物的”，由海洋行政主管部门予以警告，并处3万元以上20万元以下的罚款；对情节严重的，可以暂扣或者吊销许可证。

第二十条 违反本办法第十四条的，依照《中华人民共和国海洋倾废管理条例》第十七条、第二十一条的规定予以处罚。

☞ **适用要点**

根据《中华人民共和国海洋倾废管理条例》第十七条的规定，海上清洗或者防腐蚀作业时，造成油类、油性混合物或其他有害物质污染海洋环境。国家海洋行政主管部门可责令其限期治理，支付清除污染费，向受害方赔偿由此所造成的损失，并视情节轻重和污染损害的程度，处以警告或人民币10万元以下的罚款。

根据《中华人民共和国海洋倾废管理条例》第二十一条的规定，海上清洗或者防腐蚀作业时，造成或可能造成油类、油性混合物或其他有害物质污染海洋环境。国家海洋行政主管部门对于直接责任人可处以警告或者罚款，也可以并处。造成重大财产损失或致人伤亡的直接责任人，由司法机关依法追究刑事责任。

第二十一条 海上石油平台进行异地弃置的，除了应遵守本办法外，还应当遵守海洋倾废管理的有关规定。

停止海洋油气开发作业的平台需改做他用的，除了应遵守本办法外，还应当遵守海洋工程建设项目环境保护管理的有关规定。

第二十二条 弃置其他海上人工构造物的，参照本办法执行。

第二十三条 本暂行办法自颁布之日起施行。

第四编

船舶作业

船舶作业，是指船舶装卸、过驳、清舱、洗舱、油料供受、修造、打捞、拆解、污染危害性货物装箱、充罐、污染清除以及其他水上水下船舶施工作业等活动，所涉及的范围极其广泛，与海洋垃圾密切相关的规定相对较少，主要依照《防治船舶污染海洋环境管理条例》《防止拆船污染环境管理条例》《中华人民共和国船舶及其有关作业活动污染海洋环境防治管理规定》等。

中华人民共和国港口法

（2003年6月28日第十届全国人民代表大会常务委员会第三次会议通过　根据2015年4月24日第十二届全国人民代表大会常务委员会第十四次会议《关于修改〈中华人民共和国港口法〉等七部法律的决定》第一次修正　根据2017年11月4日第十二届全国人民代表大会常务委员会第三十次会议《关于修改〈中华人民共和国会计法〉等十一部法律的决定》第二次修正　根据2018年12月29日第十三届全国人民代表大会常务委员会第七次会议《关于修改〈中华人民共和国电力法〉等四部法律的决定》第三次修正）

第一章　总　　则

第一条　为了加强港口管理，维护港口的安全与经营秩序，保护当事人的合法权益，促进港口的建设与发展，制定本法。

第二条　从事港口规划、建设、维护、经营、管理及其相关活动，适用本法。

第三条　本法所称港口，是指具有船舶进出、停泊、靠泊，旅客上下，货物装卸、驳运、储存等功能，具有相应的码头设施，由一定范围的水域和陆域组成的区域。

港口可以由一个或者多个港区组成。

第四条　国务院和有关县级以上地方人民政府应当在国民经济和社会发展计划中体现港口的发展和规划要求，并依法保护和合理利用港口资源。

第五条　国家鼓励国内外经济组织和个人依法投资建设、经营港口，保护投资者的合法权益。

第六条 国务院交通主管部门主管全国的港口工作。

地方人民政府对本行政区域内港口的管理，按照国务院关于港口管理体制的规定确定。

依照前款确定的港口管理体制，由港口所在地的市、县人民政府管理的港口，由市、县人民政府确定一个部门具体实施对港口的行政管理；由省、自治区、直辖市人民政府管理的港口，由省、自治区、直辖市人民政府确定一个部门具体实施对港口的行政管理。

依照前款确定的对港口具体实施行政管理的部门，以下统称港口行政管理部门。

第二章 港口规划与建设

第七条 港口规划应当根据国民经济和社会发展的要求以及国防建设的需要编制，体现合理利用岸线资源的原则，符合城镇体系规划，并与土地利用总体规划、城市总体规划、江河流域规划、防洪规划、海洋功能区划、水路运输发展规划和其他运输方式发展规划以及法律、行政法规规定的其他有关规划相衔接、协调。

编制港口规划应当组织专家论证，并依法进行环境影响评价。

第八条 港口规划包括港口布局规划和港口总体规划。

港口布局规划，是指港口的分布规划，包括全国港口布局规划和省、自治区、直辖市港口布局规划。

港口总体规划，是指一个港口在一定时期的具体规划，包括港口的水域和陆域范围、港区划分、吞吐量和到港船型、港口的性质和功能、水域和陆域使用、港口设施建设岸线使用、建设用地配置以及分期建设序列等内容。

港口总体规划应当符合港口布局规划。

第九条 全国港口布局规划，由国务院交通主管部门征求国务院有关部门和有关军事机关的意见编制，报国务院批准后公布实施。

省、自治区、直辖市港口布局规划，由省、自治区、直辖市人民政府根据全国港口布局规划组织编制，并送国务院交通主管部门征求意见。国务院交通主管部门自收到征求意见的材料之日起满三十日未提出修改意见的，该港口布局规划由有关省、自治区、直辖市人民政府公布实施；国务院交通主管部门认为不符合全国港口布局规划的，应当自收到征求意见的材料之日起三十日内提出修改意见；有关省、自治区、直辖市人民政府对修改意见有异议的，报国务院决定。

第十条 港口总体规划由港口行政管理部门征求有关部门和有关军事机关的意见编制。

第十一条 地理位置重要、吞吐量较大、对经济发展影响较广的主要港口的总体规划，由国务院交通主管部门征求国务院有关部门和有关军事机关的意见后，会同有关省、自治区、直辖市人民政府批准，并公布实施。主要港口名录由国务院交通主管部门征求国务院有关部门意见后确定并公布。

省、自治区、直辖市人民政府征求国务院交通主管部门的意见后确定本地区的重要港口。重要港口的总体规划由省、自治区、直辖市人民政府征求国务院交通主管部门意见后批准，公布实施。

前两款规定以外的港口的总体规划，由港口所在地的市、县人民政府批准后公布实施，并报省、自治区、直辖市人民政府备案。

市、县人民政府港口行政管理部门编制的属于本条第一款、第二款规定范围的港口的总体规划，在报送审批前应当经本级人民政府审核同意。

第十二条 港口规划的修改，按照港口规划制定程序办理。

第十三条 在港口总体规划区内建设港口设施，使用港口深水岸线的，由国务院交通主管部门会同国务院经济综合宏观调控部门批准；建设港口设施，使用非深水岸线的，由港口行政管理部门批准。但是，由国务院或者国务院经济综合宏观调控部门批准建设的项目使用港口岸线，不再另行办理使用港口岸线的审批手续。

港口深水岸线的标准由国务院交通主管部门制定。

第十四条 港口建设应当符合港口规划。不得违反港口规划建设任何港口设施。

第十五条 按照国家规定须经有关机关批准的港口建设项目，应当按照国家有关规定办理审批手续，并符合国家有关标准和技术规范。

建设港口工程项目，应当依法进行环境影响评价。

港口建设项目的安全设施和环境保护设施，必须与主体工程同时设计、同时施工、同时投入使用。

☞ **适用要点**

根据《中华人民共和国防治海岸工程建设项目污染损害海洋环境管理条例》第二条的规定，海岸工程建设项目，是指位于海岸或者与海岸连接，工程主体位于海岸线向陆一侧，对海洋环境产生影响的新建、改建、扩建工程项目。具体包括：港口、码头、航道、滨海机场工程项目；造船厂、修船厂；滨海火电站、核电站、风电站；滨海物资存储设施工程项目；滨海矿山、化工、轻工、冶金等工业工程项目；固体废弃物、污水等污染物处理处置排海工程项目。滨海大型养殖场；海岸防护工程、砂石场和入海河口处的水利设施；滨海石油勘探开发工程项目。因此，与港口有关的建设工程，应适用海岸工程建设项目相关规定。

第十六条 港口建设使用土地和水域，应当依照有关土地管理、海域使用管理、河道管理、航道管理、军事设施保护管理的法律、行政法规以及其他有关法律、行政法规的规定办理。

第十七条 港口的危险货物作业场所、实施卫生除害处理的专用场所，应当符合港口总体规划和国家有关安全生产、消防、检验检疫和环境保护的要求，其与人口密集区和港口客运设施的距离应当符合国务院有关部门的规定；经依法办理有关手续后，方可建设。

第十八条 航标设施以及其他辅助性设施，应当与港口同步建设，并保证按期投入使用。

港口内有关行政管理机构办公设施的建设应当符合港口总体规划，建设费用不得向港口经营人摊派。

第十九条 港口设施建设项目竣工后，应当按照国家有关规定经验收合格，方可投入使用。

港口设施的所有权，依照有关法律规定确定。

第二十条 县级以上有关人民政府应当保证必要的资金投入，用于港口公用的航道、防波堤、锚地等基础设施的建设和维护。具体办法由国务院规定。

第二十一条 县级以上有关人民政府应当采取措施，组织建设与港口相配套的航道、铁路、公路、给排水、供电、通信等设施。

第三章 港口经营

第二十二条 从事港口经营，应当向港口行政管理部门书面申请取得港口经营许可，并依法办理工商登记。

港口行政管理部门实施港口经营许可，应当遵循公开、公正、公平的原则。

港口经营包括码头和其他港口设施的经营，港口旅客运输服务经营，在港区内从事货物的装卸、驳运、仓储的经营和港口拖轮经营等。

第二十三条 取得港口经营许可，应当有固定的经营场所，有与经营业务相适应的设施、设备、专业技术人员和管理人员，并应当具备法律、法规规定的其他条件。

第二十四条 港口行政管理部门应当自收到本法第二十二条第一款规定的书面申请之日起三十日内依法作出许可或者不予许可的决定。予以许可的，颁发港口经营许可证；不予许可的，应当书面通知申请人并告知理由。

第二十五条 国务院交通主管部门应当制定港口理货服务标准和规范。

经营港口理货业务，应当按照规定报港口行政管理部门备案。

港口理货业务经营人应当公正、准确地办理理货业务；不得兼营本法第二十二条第三款规定的货物装卸经营业务和仓储经营业务。

第二十六条 港口经营人从事经营活动，必须遵守有关法律、法规，遵守国务院交通主管部门有关港口作业规则的规定，依法履行合同约定的义务，为客户提供公平、良好的服务。

从事港口旅客运输服务的经营人，应当采取保证旅客安全的有效措施，向旅客提供快捷、便利的服务，保持良好的候船环境。

港口经营人应当依照有关环境保护的法律、法规的规定，采取有效措施，防治对环境的污染和危害。

第二十七条 港口经营人应当优先安排抢险物资、救灾物资和国防建设急需物资的作业。

第二十八条 港口经营人应当在其经营场所公布经营服务的收费项目和收费标准；未公布的，不得实施。

港口经营性收费依法实行政府指导价或者政府定价的，港口经营人应当按照规定执行。

第二十九条 国家鼓励和保护港口经营活动的公平竞争。

港口经营人不得实施垄断行为和不正当竞争行为，不得以任何手段强迫他人接受其提供的港口服务。

第三十条 港口行政管理部门依照《中华人民共和国统计法》和有关行政法规的规定要求港口经营人提供的统计资料，港口经营人应当如实提供。

港口行政管理部门应当按照国家有关规定将港口经营人报送的统计资料及时上报，并为港口经营人保守商业秘密。

第三十一条 港口经营人的合法权益受法律保护。任何单位和个人不得向港口经营人摊派或者违法收取费用，不得违法干预港口经营人的经营自主权。

第四章 港口安全与监督管理

第三十二条 港口经营人必须依照《中华人民共和国安全生产法》等有关法律、法规和国务院交通主管部门有关港口安全作业规则的规定，加强安全生产管理，建立健全安全生产责任制等规章制度，完善安全生产条件，采取保障安全生产的有效措施，确保安全生产。

港口经营人应当依法制定本单位的危险货物事故应急预案、重大生产安全事故的旅客紧急疏散和救援预案以及预防自然灾害预案，保障组织实施。

第三十三条 港口行政管理部门应当依法制定可能危及社会公共利益的港口危险货物事故应急预案、重大生产安全事故的旅客紧急疏散和救援预案以及预防自然灾害预案，建立健全港口重大生产安全事故的应急救援体系。

第三十四条 船舶进出港口，应当依照有关水上交通安全的法律、行政法规的规定向海事管理机构报告。海事管理机构接到报告后，应当及时通报港口行政管理部门。

船舶载运危险货物进出港口，应当按照国务院交通主管部门的规定将危险货物的名称、特性、包装和进出港口的时间报告海事管理机构。海事管理机构接到报告后，应当在国务院交通主管部门规定的时间内作出是否同意的决定，通知报告人，并通报港口行政管理部门。但是，定船舶、定航线、定货种的船舶可以定期报告。

第三十五条 在港口内进行危险货物的装卸、过驳作业，应当按照国务院交通主管部门的规定将危险货物的名称、特性、包装和作业的时间、地点报告港口行政管理部门。港口行政管理部门接到报告后，应当在国务院交通主管部门规定的时间内作出是否同意的决定，通知报告人，并通报海事管理机构。

第三十六条 港口行政管理部门应当依法对港口安全生产情况实施监督检查，对旅客上下集中、货物装卸量较大或者有特殊用途的码头进行重点巡查；检查中发现安全隐患的，应当责令被检查人立即排除或者限期排除。

负责安全生产监督管理的部门和其他有关部门依照法律、法规的规定，在各自职责范围内对港口安全生产实施监督检查。

第三十七条 禁止在港口水域内从事养殖、种植活动。

不得在港口进行可能危及港口安全的采掘、爆破等活动；因工程建设等确需进行的，必须采取相应的安全保护措施，并报经港口行政管理部门批准。港口行政管理部门应当将审批情况及时通报海事管理机构，海事管理机构不再依照有关水上交通安全的法律、行政法规的规定进行审批。

禁止向港口水域倾倒泥土、砂石以及违反有关环境保护的法律、法规的规定排放超过规定标准的有毒、有害物质。

第三十八条 建设桥梁、水底隧道、水电站等可能影响港口水文条件变化的工程项目，负责审批该项目的部门在审批前应当征求港口行政管理部门的意见。

第三十九条 依照有关水上交通安全的法律、行政法规的规定，进出港口须经引航的船舶，应当向引航机构申请引航。引航的具体办法由国务院交通主管部门规定。

第四十条 遇有旅客滞留、货物积压阻塞港口的情况，港口行政管理部门应当及时采取有效措施，进行疏港；港口所在地的市、县人民政府认为必要时，可以直接采取措施，进行疏港。

第四十一条 港口行政管理部门应当组织制定所管理的港口的章程，并向社会公布。

港口章程的内容应当包括对港口的地理位置、航道条件、港池水深、机械设施和装卸能力等情况的说明，以及本港口贯彻执行有关港口管理的法律、法规和国务院交通主管部门有关规定的具体措施。

第四十二条 港口行政管理部门依据职责对本法执行情况实施监督检查。

港口行政管理部门的监督检查人员依法实施监督检查时，有权向被检查单位和有关人员了解有关情况，并可查阅、复制有关资料。

监督检查人员对检查中知悉的商业秘密，应当保密。

监督检查人员实施监督检查时，应当出示执法证件。

第四十三条 监督检查人员应当将监督检查的时间、地点、内容、发现的问题及处理情况作出书面记录，并由监督检查人员和被检查单位的负责人签字；被检查单位的负责人拒绝签字的，监督检查人员应当将情况记录在案，并向港口行政管理部门报告。

第四十四条 被检查单位和有关人员应当接受港口行政管理部门依法实施的监督检查，如实提供有关情况和资料，不得拒绝检查或者隐匿、谎报有关情况和资料。

第五章 法律责任

第四十五条 港口经营人、港口理货业务经营人有本法规定的违法行为的，依照有关法律、行政法规的规定纳入信用记录，并予以公示。

第四十六条 有下列行为之一的，由县级以上地方人民政府或者港口行政管理部门责令限期改正；逾期不改正的，由作出限期改正决定的机关申请人民法院强制拆除违法建设的设施；可以处五万元以下罚款：

（一）违反港口规划建设港口、码头或者其他港口设施的；

（二）未经依法批准，建设港口设施使用港口岸线的。

建设项目的审批部门对违反港口规划的建设项目予以批准的，对其直接负责的主管人员和其他直接责任人员，依法给予行政处分。

第四十七条 在港口建设的危险货物作业场所、实施卫生除害处理的专用场所与人口密集区或者港口客运设施的距离不符合国务院有关部门的规定的，由港口行政管理部门责令停止建设或者使用，限期改正，可以处五万元以下罚款。

第四十八条 码头或者港口装卸设施、客运设施未经验收合格，擅自投入使用的，由港口行政管理部门责令停止使用，限期改正，可以处五万元以下罚款。

第四十九条 未依法取得港口经营许可证从事港口经营，或者港口理货业务经营人兼营货物装卸经营业务、仓储经营业务的，由港口行政管理部门责令停止违法经营，没收违法所得；违法所得十万元以上的，并处违法所得二倍以上五倍以下罚款；违法所得不足十万元的，处五万元以上二十万元以下罚款。

第五十条 港口经营人不优先安排抢险物资、救灾物资、国防建设急需物资的作业的，由港口行政管理部门责令改正；造成严重后果的，吊销港口经营许可证。

第五十一条 港口经营人违反有关法律、行政法规的规定，在经营活动中实施垄断行为或者不正当竞争行为的，依照有关法律、行政法规的规定承担法律责任。

第五十二条 港口经营人违反本法第三十二条关于安全生产的规定的，由港口行政管理部门或者其他依法负有安全生产监督管理职责的部门依法给予处罚；情节严重的，由港口行政管理部门吊销港口经营许可证，并对其主要负责人依法给予处分；构成犯罪的，依法追究刑事责任。

第五十三条 船舶进出港口，未依照本法第三十四条的规定向海事管理机构报告的，由海事管理机构依照有关水上交通安全的法律、行政法规的规定处罚。

第五十四条 未依法向港口行政管理部门报告并经其同意，在港口内进行危险货物的装卸、过驳作业的，由港口行政管理部门责令停止作业，处五千元以上五万元以下罚款。

第五十五条 在港口水域内从事养殖、种植活动的，由海事管理机构责令限期改正；逾期不改正的，强制拆除养殖、种植设施，拆除费用由违法行为人承担；可以处一万元以下罚款。

第五十六条 未经依法批准在港口进行可能危及港口安全的采掘、爆破等活动的，向港口水域倾倒泥土、砂石的，由港口行政管理部门责令停止违法行为，限期消除因此造成的安全隐患；逾期不消除的，强制消除，因此发生的费用由违法行为人承担；处五千元以上五万元以下罚款；依照有关水上交通安全的法律、行政法规的规定由海事管理机构处罚的，依照其规定；构成犯罪的，依法追究刑事责任。

第五十七条 交通主管部门、港口行政管理部门、海事管理机构等不依法履行职责，有下列行为之一的，对直接负责的主管人员和其他直接责任人员依法给予行政处分；构成犯罪的，依法追究刑事责任：

（一）违法批准建设港口设施使用港口岸线，或者违法批准船舶载运危险货物进出港口、违法批准在港口内进行危险货物的装卸、过驳作业的；

（二）对不符合法定条件的申请人给予港口经营许可的；

（三）发现取得经营许可的港口经营人不再具备法定许可条件而不及时吊销许可证的；

（四）不依法履行监督检查职责，对违反港口规划建设港口、码头或者其他港口设施的行为，未经依法许可从事港口经营业务的行为，不遵守安全生产管理规定的行为，危及港口作业安全的行为，以及其他违反本法规定的行为，不依法予以查处的。

第五十八条 行政机关违法干预港口经营人的经营自主权的，由其上级行政机关或者监察机关责令改正；向港口经营人摊派财物或者违法收取费用的，责令退回；情节严重的，对直接负责的主管人员和其他直接责任人员依法给予行政处分。

第六章 附 则

第五十九条 对航行国际航线的船舶开放的港口，由有关省、自治区、直辖市人民政府按照国家有关规定商国务院有关部门和有关军事机关同意后，报国务院批准。

第六十条 渔业港口的管理工作由县级以上人民政府渔业行政主管部门负责。具体管理办法由国务院规定。

前款所称渔业港口，是指专门为渔业生产服务、供渔业船舶停泊、避风、装卸渔获物、补充渔需物资的人工港口或者自然港湾，包括综合性港口中渔业专用的码头、渔业专用的水域和渔船专用的锚地。

第六十一条 军事港口的建设和管理办法由国务院、中央军事委员会规定。

第六十二条 本法自2004年1月1日起施行。

中华人民共和国海上交通安全法

（1983 年 9 月 2 日第六届全国人民代表大会常务委员会第二次会议通过　根据 2016 年 11 月 7 日第十二届全国人民代表大会常务委员会第二十四次会议《关于修改〈中华人民共和国对外贸易法〉等十二部法律的决定》修正　2021 年 4 月 29 日第十三届全国人民代表大会常务委员会第二十八次会议修订　2021 年 4 月 29 日中华人民共和国主席令第 79 号公布　自 2021 年 9 月 1 日起施行）

第一章　总　　则

第一条　为了加强海上交通管理，维护海上交通秩序，保障生命财产安全，维护国家权益，制定本法。

第二条　在中华人民共和国管辖海域内从事航行、停泊、作业以及其他与海上交通安全相关的活动，适用本法。

第三条　国家依法保障交通用海。

海上交通安全工作坚持安全第一、预防为主、便利通行、依法管理的原则，保障海上交通安全、有序、畅通。

第四条　国务院交通运输主管部门主管全国海上交通安全工作。

国家海事管理机构统一负责海上交通安全监督管理工作，其他各级海事管理机构按照职责具体负责辖区内的海上交通安全监督管理工作。

第五条　各级人民政府及有关部门应当支持海上交通安全工作，加强海上交通安全的宣传教育，提高全社会的海上交通安全意识。

第六条　国家依法保障船员的劳动安全和职业健康，维护船员的合法权益。

第七条 从事船舶、海上设施航行、停泊、作业以及其他与海上交通相关活动的单位、个人，应当遵守有关海上交通安全的法律、行政法规、规章以及强制性标准和技术规范；依法享有获得航海保障和海上救助的权利，承担维护海上交通安全和保护海洋生态环境的义务。

第八条 国家鼓励和支持先进科学技术在海上交通安全工作中的应用，促进海上交通安全现代化建设，提高海上交通安全科学技术水平。

第二章 船舶、海上设施和船员

第九条 中国籍船舶、在中华人民共和国管辖海域设置的海上设施、船运集装箱，以及国家海事管理机构确定的关系海上交通安全的重要船用设备、部件和材料，应当符合有关法律、行政法规、规章以及强制性标准和技术规范的要求，经船舶检验机构检验合格，取得相应证书、文书。证书、文书的清单由国家海事管理机构制定并公布。

设立船舶检验机构应当经国家海事管理机构许可。船舶检验机构设立条件、程序及其管理等依照有关船舶检验的法律、行政法规的规定执行。

持有相关证书、文书的单位应当按照规定的用途使用船舶、海上设施、船运集装箱以及重要船用设备、部件和材料，并应当依法定期进行安全技术检验。

第十条 船舶依照有关船舶登记的法律、行政法规的规定向海事管理机构申请船舶国籍登记、取得国籍证书后，方可悬挂中华人民共和国国旗航行、停泊、作业。

中国籍船舶灭失或者报废的，船舶所有人应当在国务院交通运输主管部门规定的期限内申请办理注销国籍登记；船舶所有人逾期不申请注销国籍登记的，海事管理机构可以发布关于拟强制注销船舶国籍登记的公告。船舶所有人自公告发布之日起六十日内未提出异议的，海事管理机构可以注销该船舶的国籍登记。

第十一条 中国籍船舶所有人、经营人或者管理人应当建立并运行安全营运和防治船舶污染管理体系。

海事管理机构经对前款规定的管理体系审核合格的，发给符合证明和相应的船舶安全管理证书。

第十二条 中国籍国际航行船舶的所有人、经营人或者管理人应当依照国务院交通运输主管部门的规定建立船舶保安制度，制定船舶保安计划，并按照船舶保安计划配备船舶保安设备，定期开展演练。

第十三条 中国籍船员和海上设施上的工作人员应当接受海上交通安全以及相应岗位的专业教育、培训。

中国籍船员应当依照有关船员管理的法律、行政法规的规定向海事管理机构申请取得船员适任证书，并取得健康证明。

外国籍船员在中国籍船舶上工作的，按照有关船员管理的法律、行政法规的规定执行。

船员在船舶上工作，应当符合船员适任证书载明的船舶、航区、职务的范围。

第十四条 中国籍船舶的所有人、经营人或者管理人应当为其国际航行船舶向海事管理机构申请取得海事劳工证书。船舶取得海事劳工证书应当符合下列条件：

（一）所有人、经营人或者管理人依法招用船员，与其签订劳动合同或者就业协议，并为船舶配备符合要求的船员；

（二）所有人、经营人或者管理人已保障船员在船舶上的工作环境、职业健康保障和安全防护、工作和休息时间、工资报酬、生活条件、医疗条件、社会保险等符合国家有关规定；

（三）所有人、经营人或者管理人已建立符合要求的船员投诉和处理机制；

（四）所有人、经营人或者管理人已就船员遣返费用以及在船就业期间发生伤害、疾病或者死亡依法应当支付的费用提供相应的财务担保或者投保相应的保险。

海事管理机构商人力资源社会保障行政部门，按照各自职责对申请人及其船舶是否符合前款规定条件进行审核。经审核符合规定条件的，海事管理机构应当自受理申请之日起十个工作日内颁发海事劳工证书；不符合规定条件的，海事管理机构应当告知申请人并说明理由。

海事劳工证书颁发及监督检查的具体办法由国务院交通运输主管部门会同国务院人力资源社会保障行政部门制定并公布。

第十五条 海事管理机构依照有关船员管理的法律、行政法规的规定，对单位从事海船船员培训业务进行管理。

第十六条 国务院交通运输主管部门和其他有关部门、有关县级以上地方人民政府应当建立健全船员境外突发事件预警和应急处置机制，制定船员境外突发事件应急预案。

船员境外突发事件应急处置由船员派出单位所在地的省、自治区、直辖市人民政府负责，船员户籍所在地的省、自治区、直辖市人民政府予以配合。

中华人民共和国驻外国使馆、领馆和相关海事管理机构应当协助处置船员境外突发事件。

第十七条 本章第九条至第十二条、第十四条规定适用的船舶范围由有关法律、行政法规具体规定，或者由国务院交通运输主管部门拟定并报国务院批准后公布。

第三章 海上交通条件和航行保障

第十八条 国务院交通运输主管部门统筹规划和管理海上交通

资源，促进海上交通资源的合理开发和有效利用。

海上交通资源规划应当符合国土空间规划。

第十九条 海事管理机构根据海域的自然状况、海上交通状况以及海上交通安全管理的需要，划定、调整并及时公布船舶定线区、船舶报告区、交通管制区、禁航区、安全作业区和港外锚地等海上交通功能区域。

海事管理机构划定或者调整船舶定线区、港外锚地以及对其他海洋功能区域或者用海活动造成影响的安全作业区，应当征求渔业渔政、生态环境、自然资源等有关部门的意见。为了军事需要划定、调整禁航区的，由负责划定、调整禁航区的军事机关作出决定，海事管理机构予以公布。

第二十条 建设海洋工程、海岸工程影响海上交通安全的，应当根据情况配备防止船舶碰撞的设施、设备并设置专用航标。

第二十一条 国家建立完善船舶定位、导航、授时、通信和远程监测等海上交通支持服务系统，为船舶、海上设施提供信息服务。

第二十二条 任何单位、个人不得损坏海上交通支持服务系统或者妨碍其工作效能。建设建筑物、构筑物，使用设施设备可能影响海上交通支持服务系统正常使用的，建设单位、所有人或者使用人应当与相关海上交通支持服务系统的管理单位协商，作出妥善安排。

第二十三条 国务院交通运输主管部门应当采取必要的措施，保障海上交通安全无线电通信设施的合理布局和有效覆盖，规划本系统（行业）海上无线电台（站）的建设布局和台址，核发船舶制式无线电台执照及电台识别码。

国务院交通运输主管部门组织本系统（行业）的海上无线电监测系统建设并对其无线电信号实施监测，会同国家无线电管理机构维护海上无线电波秩序。

第二十四条 船舶在中华人民共和国管辖海域内通信需要使用

岸基无线电台（站）转接的，应当通过依法设置的境内海岸无线电台（站）或者卫星关口站进行转接。

承担无线电通信任务的船员和岸基无线电台（站）的工作人员应当遵守海上无线电通信规则，保持海上交通安全通信频道的值守和畅通，不得使用海上交通安全通信频率交流与海上交通安全无关的内容。

任何单位、个人不得违反国家有关规定使用无线电台识别码，影响海上搜救的身份识别。

第二十五条 天文、气象、海洋等有关单位应当及时预报、播发和提供航海天文、世界时、海洋气象、海浪、海流、潮汐、冰情等信息。

第二十六条 国务院交通运输主管部门统一布局、建设和管理公用航标。海洋工程、海岸工程的建设单位、所有人或者经营人需要设置、撤除专用航标，移动专用航标位置或者改变航标灯光、功率等的，应当报经海事管理机构同意。需要设置临时航标的，应当符合海事管理机构确定的航标设置点。

自然资源主管部门依法保障航标设施和装置的用地、用海、用岛，并依法为其办理有关手续。

航标的建设、维护、保养应当符合有关强制性标准和技术规范的要求。航标维护单位和专用航标的所有人应当对航标进行巡查和维护保养，保证航标处于良好适用状态。航标发生位移、损坏、灭失的，航标维护单位或者专用航标的所有人应当及时予以恢复。

第二十七条 任何单位、个人发现下列情形之一的，应当立即向海事管理机构报告；涉及航道管理机构职责或者专用航标的，海事管理机构应当及时通报航道管理机构或者专用航标的所有人：

（一）助航标志或者导航设施位移、损坏、灭失；

（二）有妨碍海上交通安全的沉没物、漂浮物、搁浅物或者其他碍航物；

☞ **适用要点**

本条款对于海洋漂浮垃圾作出了相关规定。漂浮垃圾会损害船舶，影响通航，不仅妨碍交通安全，还会影响经济效益。

本法对于所有人、经营人或者管理人碍航物的清理、打捞等义务作出了规定。

（三）其他妨碍海上交通安全的异常情况。

第二十八条 海事管理机构应当依据海上交通安全管理的需要，就具有紧迫性、危险性的情况发布航行警告，就其他影响海上交通安全的情况发布航行通告。

海事管理机构应当将航行警告、航行通告，以及船舶定线区的划定、调整情况通报海军航海保证部门，并及时提供有关资料。

第二十九条 海事管理机构应当及时向船舶、海上设施播发海上交通安全信息。

船舶、海上设施在定线区、交通管制区或者通航船舶密集的区域航行、停泊、作业时，海事管理机构应当根据其请求提供相应的安全信息服务。

第三十条 下列船舶在国务院交通运输主管部门划定的引航区内航行、停泊或者移泊的，应当向引航机构申请引航：

（一）外国籍船舶，但国务院交通运输主管部门经报国务院批准后规定可以免除的除外；

（二）核动力船舶、载运放射性物质的船舶、超大型油轮；

（三）可能危及港口安全的散装液化气船、散装危险化学品船；

（四）长、宽、高接近相应航道通航条件限值的船舶。

前款第三项、第四项船舶的具体标准，由有关海事管理机构根据港口实际情况制定并公布。

船舶自愿申请引航的，引航机构应当提供引航服务。

第三十一条 引航机构应当及时派遣具有相应能力、经验的引航员为船舶提供引航服务。

引航员应当根据引航机构的指派，在规定的水域登离被引领船舶，安全谨慎地执行船舶引航任务。被引领船舶应当配备符合规定的登离装置，并保障引航员在登离船舶及在船上引航期间的安全。

引航员引领船舶时，不解除船长指挥和管理船舶的责任。

第三十二条 国务院交通运输主管部门根据船舶、海上设施和港口面临的保安威胁情形，确定并及时发布保安等级。船舶、海上设施和港口应当根据保安等级采取相应的保安措施。

第四章 航行、停泊、作业

第三十三条 船舶航行、停泊、作业，应当持有有效的船舶国籍证书及其他法定证书、文书，配备依照有关规定出版的航海图书资料，悬挂相关国家、地区或者组织的旗帜，标明船名、船舶识别号、船籍港、载重线标志。

船舶应当满足最低安全配员要求，配备持有合格有效证书的船员。

海上设施停泊、作业，应当持有法定证书、文书，并按规定配备掌握避碰、信号、通信、消防、救生等专业技能的人员。

第三十四条 船长应当在船舶开航前检查并在开航时确认船员适任、船舶适航、货物适载，并了解气象和海况信息以及海事管理机构发布的航行通告、航行警告及其他警示信息，落实相应的应急措施，不得冒险开航。

船舶所有人、经营人或者管理人不得指使、强令船员违章冒险操作、作业。

第三十五条 船舶应当在其船舶检验证书载明的航区内航行、停泊、作业。

船舶航行、停泊、作业时，应当遵守相关航行规则，按照有关规定显示信号、悬挂标志，保持足够的富余水深。

第三十六条 船舶在航行中应当按照有关规定开启船舶的自动识别、航行数据记录、远程识别和跟踪、通信等与航行安全、保安、防治污染相关的装置，并持续进行显示和记录。

任何单位、个人不得拆封、拆解、初始化、再设置航行数据记录装置或者读取其记录的信息，但法律、行政法规另有规定的除外。

第三十七条 船舶应当配备航海日志、轮机日志、无线电记录簿等航行记录，按照有关规定全面、真实、及时记录涉及海上交通安全的船舶操作以及船舶航行、停泊、作业中的重要事件，并妥善保管相关记录簿。

第三十八条 船长负责管理和指挥船舶。在保障海上生命安全、船舶保安和防治船舶污染方面，船长有权独立作出决定。

船长应当采取必要的措施，保护船舶、在船人员、船舶航行文件、货物以及其他财产的安全。船长在其职权范围内发布的命令，船员、乘客及其他在船人员应当执行。

第三十九条 为了保障船舶和在船人员的安全，船长有权在职责范围内对涉嫌在船上进行违法犯罪活动的人员采取禁闭或者其他必要的限制措施，并防止其隐匿、毁灭、伪造证据。

船长采取前款措施，应当制作案情报告书，由其和两名以上在船人员签字。中国籍船舶抵达我国港口后，应当及时将相关人员移送有关主管部门。

第四十条 发现在船人员患有或者疑似患有严重威胁他人健康的传染病的，船长应当立即启动相应的应急预案，在职责范围内对相关人员采取必要的隔离措施，并及时报告有关主管部门。

第四十一条 船长在航行中死亡或者因故不能履行职责的，应当由驾驶员中职务最高的人代理船长职务；船舶在下一个港口开航前，其所有人、经营人或者管理人应当指派新船长接任。

第四十二条 船员应当按照有关航行、值班的规章制度和操作规程以及船长的指令操纵、管理船舶，保持安全值班，不得擅离职守。船员履行在船值班职责前和值班期间，不得摄入可能影响安全值班的食品、药品或者其他物品。

第四十三条　船舶进出港口、锚地或者通过桥区水域、海峡、狭水道、重要渔业水域、通航船舶密集的区域、船舶定线区、交通管制区，应当加强瞭望、保持安全航速，并遵守前述区域的特殊航行规则。

前款所称重要渔业水域由国务院渔业渔政主管部门征求国务院交通运输主管部门意见后划定并公布。

船舶穿越航道不得妨碍航道内船舶的正常航行，不得抢越他船船艏。超过桥梁通航尺度的船舶禁止进入桥区水域。

第四十四条　船舶不得违反规定进入或者穿越禁航区。

船舶进出船舶报告区，应当向海事管理机构报告船位和动态信息。

在安全作业区、港外锚地范围内，禁止从事养殖、种植、捕捞以及其他影响海上交通安全的作业或者活动。

第四十五条　船舶载运或者拖带超长、超高、超宽、半潜的船舶、海上设施或者其他物体航行，应当采取拖拽部位加强、护航等特殊的安全保障措施，在开航前向海事管理机构报告航行计划，并按有关规定显示信号、悬挂标志；拖带移动式平台、浮船坞等大型海上设施的，还应当依法交验船舶检验机构出具的拖航检验证书。

第四十六条　国际航行船舶进出口岸，应当依法向海事管理机构申请许可并接受海事管理机构及其他口岸查验机构的监督检查。海事管理机构应当自受理申请之日起五个工作日内作出许可或者不予许可的决定。

外国籍船舶临时进入非对外开放水域，应当依照国务院关于船舶进出口岸的规定取得许可。

国内航行船舶进出港口、港外装卸站，应当向海事管理机构报告船舶的航次计划、适航状态、船员配备和客货载运等情况。

第四十七条 船舶应当在符合安全条件的码头、泊位、装卸站、锚地、安全作业区停泊。船舶停泊不得危及其他船舶、海上设施的安全。

船舶进出港口、港外装卸站，应当符合靠泊条件和关于潮汐、气象、海况等航行条件的要求。

超长、超高、超宽的船舶或者操纵能力受到限制的船舶进出港口、港外装卸站可能影响海上交通安全的，海事管理机构应当对船舶进出港安全条件进行核查，并可以要求船舶采取加配拖轮、乘潮进港等相应的安全措施。

第四十八条 在中华人民共和国管辖海域内进行施工作业，应当经海事管理机构许可，并核定相应安全作业区。取得海上施工作业许可，应当符合下列条件：

（一）施工作业的单位、人员、船舶、设施符合安全航行、停泊、作业的要求；

（二）有施工作业方案；

（三）有符合海上交通安全和防治船舶污染海洋环境要求的保障措施、应急预案和责任制度。

从事施工作业的船舶应当在核定的安全作业区内作业，并落实海上交通安全管理措施。其他无关船舶、海上设施不得进入安全作业区。

在港口水域内进行采掘、爆破等可能危及港口安全的作业，适用港口管理的法律规定。

第四十九条 从事体育、娱乐、演练、试航、科学观测等水上水下活动，应当遵守海上交通安全管理规定；可能影响海上交通安全的，应当提前十个工作日将活动涉及的海域范围报告海事管理机构。

第五十条 海上施工作业或者水上水下活动结束后，有关单位、个人应当及时消除可能妨碍海上交通安全的隐患。

第五十一条 碍航物的所有人、经营人或者管理人应当按照有关强制性标准和技术规范的要求及时设置警示标志，向海事管理机构报告碍航物的名称、形状、尺寸、位置和深度，并在海事管理机构限定的期限内打捞清除。碍航物的所有人放弃所有权的，不免除其打捞清除义务。

不能确定碍航物的所有人、经营人或者管理人的，海事管理机构应当组织设置标志、打捞或者采取相应措施，发生的费用纳入部门预算。

第五十二条 有下列情形之一，对海上交通安全有较大影响的，海事管理机构应当根据具体情况采取停航、限速或者划定交通管制区等相应交通管制措施并向社会公告：

（一）天气、海况恶劣；

（二）发生影响航行的海上险情或者海上交通事故；

（三）进行军事训练、演习或者其他相关活动；

（四）开展大型水上水下活动；

（五）特定海域通航密度接近饱和；

（六）其他对海上交通安全有较大影响的情形。

第五十三条 国务院交通运输主管部门为维护海上交通安全、保护海洋环境，可以会同有关主管部门采取必要措施，防止和制止外国籍船舶在领海的非无害通过。

第五十四条 下列外国籍船舶进出中华人民共和国领海，应当向海事管理机构报告：

（一）潜水器；

（二）核动力船舶；

（三）载运放射性物质或者其他有毒有害物质的船舶；

（四）法律、行政法规或者国务院规定的可能危及中华人民共和国海上交通安全的其他船舶。

前款规定的船舶通过中华人民共和国领海，应当持有有关证书，采取符合中华人民共和国法律、行政法规和规章规定的特别预防措施，并接受海事管理机构的指令和监督。

第五十五条 除依照本法规定获得进入口岸许可外，外国籍船舶不得进入中华人民共和国内水；但是，因人员病急、机件故障、遇难、避风等紧急情况未及获得许可的可以进入。

外国籍船舶因前款规定的紧急情况进入中华人民共和国内水的，应当在进入的同时向海事管理机构紧急报告，接受海事管理机构的指令和监督。海事管理机构应当及时通报管辖海域的海警机构、就近的出入境边防检查机关和当地公安机关、海关等其他主管部门。

第五十六条 中华人民共和国军用船舶执行军事任务、公务船舶执行公务，遇有紧急情况，在保证海上交通安全的前提下，可以不受航行、停泊、作业有关规则的限制。

第五章　海上客货运输安全

第五十七条 除进行抢险或者生命救助外，客船应当按照船舶检验证书核定的载客定额载运乘客，货船载运货物应当符合船舶检验证书核定的载重线和载货种类，不得载运乘客。

第五十八条 客船载运乘客不得同时载运危险货物。

乘客不得随身携带或者在行李中夹带法律、行政法规或者国务院交通运输主管部门规定的危险物品。

第五十九条 客船应当在显著位置向乘客明示安全须知，设置安全标志和警示，并向乘客介绍救生用具的使用方法以及在紧急情况下应当采取的应急措施。乘客应当遵守安全乘船要求。

第六十条 海上渡口所在地的县级以上地方人民政府应当建立健全渡口安全管理责任制，制定海上渡口的安全管理办法，监督、指导海上渡口经营者落实安全主体责任，维护渡运秩序，保障渡运安全。

海上渡口的渡运线路由渡口所在地的县级以上地方人民政府交通运输主管部门会同海事管理机构划定。渡船应当按照划定的线路安全渡运。

遇有恶劣天气、海况，县级以上地方人民政府或者其指定的部门应当发布停止渡运的公告。

第六十一条　船舶载运货物，应当按照有关法律、行政法规、规章以及强制性标准和技术规范的要求安全装卸、积载、隔离、系固和管理。

第六十二条　船舶载运危险货物，应当持有有效的危险货物适装证书，并根据危险货物的特性和应急措施的要求，编制危险货物应急处置预案，配备相应的消防、应急设备和器材。

第六十三条　托运人托运危险货物，应当将其正式名称、危险性质以及应当采取的防护措施通知承运人，并按照有关法律、行政法规、规章以及强制性标准和技术规范的要求妥善包装，设置明显的危险品标志和标签。

托运人不得在托运的普通货物中夹带危险货物或者将危险货物谎报为普通货物托运。

托运人托运的货物为国际海上危险货物运输规则和国家危险货物品名表上未列明但具有危险特性的货物的，托运人还应当提交有关专业机构出具的表明该货物危险特性以及应当采取的防护措施等情况的文件。

货物危险特性的判断标准由国家海事管理机构制定并公布。

第六十四条　船舶载运危险货物进出港口，应当符合下列条件，经海事管理机构许可，并向海事管理机构报告进出港口和停留的时间等事项：

（一）所载运的危险货物符合海上安全运输要求；

（二）船舶的装载符合所持有的证书、文书的要求；

（三）拟靠泊或者进行危险货物装卸作业的港口、码头、泊位具备有关法律、行政法规规定的危险货物作业经营资质。

海事管理机构应当自收到申请之时起二十四小时内作出许可或

者不予许可的决定。

定船舶、定航线并且定货种的船舶可以申请办理一定期限内多次进出港口许可，期限不超过三十日。海事管理机构应当自收到申请之日起五个工作日内作出许可或者不予许可的决定。

海事管理机构予以许可的，应当通报港口行政管理部门。

第六十五条 船舶、海上设施从事危险货物运输或者装卸、过驳作业，应当编制作业方案，遵守有关强制性标准和安全作业操作规程，采取必要的预防措施，防止发生安全事故。

在港口水域外从事散装液体危险货物过驳作业的，还应当符合下列条件，经海事管理机构许可并核定安全作业区：

（一）拟进行过驳作业的船舶或者海上设施符合海上交通安全与防治船舶污染海洋环境的要求；

（二）拟过驳的货物符合安全过驳要求；

（三）参加过驳作业的人员具备法律、行政法规规定的过驳作业能力；

（四）拟作业水域及其底质、周边环境适宜开展过驳作业；

（五）过驳作业对海洋资源以及附近的军事目标、重要民用目标不构成威胁；

（六）有符合安全要求的过驳作业方案、安全保障措施和应急预案。

对单航次作业的船舶，海事管理机构应当自收到申请之时起二十四小时内作出许可或者不予许可的决定；对在特定水域多航次作业的船舶，海事管理机构应当自收到申请之日起五个工作日内作出许可或者不予许可的决定。

第六章　海上搜寻救助

第六十六条 海上遇险人员依法享有获得生命救助的权利。生命救助优先于环境和财产救助。

第六十七条 海上搜救工作应当坚持政府领导、统一指挥、属地为主、专群结合、就近快速的原则。

第六十八条 国家建立海上搜救协调机制，统筹全国海上搜救应急反应工作，研究解决海上搜救工作中的重大问题，组织协调重大海上搜救应急行动。协调机制由国务院有关部门、单位和有关军事机关组成。

中国海上搜救中心和有关地方人民政府设立的海上搜救中心或者指定的机构（以下统称海上搜救中心）负责海上搜救的组织、协调、指挥工作。

第六十九条 沿海县级以上地方人民政府应当安排必要的海上搜救资金，保障搜救工作的正常开展。

第七十条 海上搜救中心各成员单位应当在海上搜救中心统一组织、协调、指挥下，根据各自职责，承担海上搜救应急、抢险救灾、支持保障、善后处理等工作。

第七十一条 国家设立专业海上搜救队伍，加强海上搜救力量建设。专业海上搜救队伍应当配备专业搜救装备，建立定期演练和日常培训制度，提升搜救水平。

国家鼓励社会力量建立海上搜救队伍，参与海上搜救行动。

第七十二条 船舶、海上设施、航空器及人员在海上遇险的，应当立即报告海上搜救中心，不得瞒报、谎报海上险情。

船舶、海上设施、航空器及人员误发遇险报警信号的，除立即向海上搜救中心报告外，还应当采取必要措施消除影响。

其他任何单位、个人发现或者获悉海上险情的，应当立即报告海上搜救中心。

第七十三条 发生碰撞事故的船舶、海上设施，应当互通名称、国籍和登记港，在不严重危及自身安全的情况下尽力救助对方人员，不得擅自离开事故现场水域或者逃逸。

第七十四条 遇险的船舶、海上设施及其所有人、经营人或者管理人应当采取有效措施防止、减少生命财产损失和海洋环境污染。

船舶遇险时，乘客应当服从船长指挥，配合采取相关应急措施。乘客有权获知必要的险情信息。

船长决定弃船时，应当组织乘客、船员依次离船，并尽力抢救法定航行资料。船长应当最后离船。

第七十五条 船舶、海上设施、航空器收到求救信号或者发现有人遭遇生命危险的，在不严重危及自身安全的情况下，应当尽力救助遇险人员。

第七十六条 海上搜救中心接到险情报告后，应当立即进行核实，及时组织、协调、指挥政府有关部门、专业搜救队伍、社会有关单位等各方力量参加搜救，并指定现场指挥。参加搜救的船舶、海上设施、航空器及人员应当服从现场指挥，及时报告搜救动态和搜救结果。

搜救行动的中止、恢复、终止决定由海上搜救中心作出。未经海上搜救中心同意，参加搜救的船舶、海上设施、航空器及人员不得擅自退出搜救行动。

军队参加海上搜救，依照有关法律、行政法规的规定执行。

第七十七条 遇险船舶、海上设施、航空器或者遇险人员应当服从海上搜救中心和现场指挥的指令，及时接受救助。

遇险船舶、海上设施、航空器不配合救助的，现场指挥根据险情危急情况，可以采取相应救助措施。

第七十八条 海上事故或者险情发生后，有关地方人民政府应当及时组织医疗机构为遇险人员提供紧急医疗救助，为获救人员提供必要的生活保障，并组织有关方面采取善后措施。

第七十九条 在中华人民共和国缔结或者参加的国际条约规定由我国承担搜救义务的海域内开展搜救，依照本章规定执行。

中国籍船舶在中华人民共和国管辖海域以及海上搜救责任区域

以外的其他海域发生险情的，中国海上搜救中心接到信息后，应当依据中华人民共和国缔结或者参加的国际条约的规定开展国际协作。

第七章 海上交通事故调查处理

第八十条 船舶、海上设施发生海上交通事故，应当及时向海事管理机构报告，并接受调查。

第八十一条 海上交通事故根据造成的损害后果分为特别重大事故、重大事故、较大事故和一般事故。事故等级划分的人身伤亡标准依照有关安全生产的法律、行政法规的规定确定；事故等级划分的直接经济损失标准，由国务院交通运输主管部门会同国务院有关部门根据海上交通事故中的特殊情况确定，报国务院批准后公布施行。

第八十二条 特别重大海上交通事故由国务院或者国务院授权的部门组织事故调查组进行调查，海事管理机构应当参与或者配合开展调查工作。

其他海上交通事故由海事管理机构组织事故调查组进行调查，有关部门予以配合。国务院认为有必要的，可以直接组织或者授权有关部门组织事故调查组进行调查。

海事管理机构进行事故调查，事故涉及执行军事运输任务的，应当会同有关军事机关进行调查；涉及渔业船舶的，渔业渔政主管部门、海警机构应当参与调查。

第八十三条 调查海上交通事故，应当全面、客观、公正、及时，依法查明事故事实和原因，认定事故责任。

第八十四条 海事管理机构可以根据事故调查处理需要拆封、拆解当事船舶的航行数据记录装置或者读取其记录的信息，要求船舶驶向指定地点或者禁止其离港，扣留船舶或者海上设施的证书、文书、物品、资料等并妥善保管。有关人员应当配合事故调查。

第八十五条 海上交通事故调查组应当自事故发生之日起九十

日内提交海上交通事故调查报告；特殊情况下，经负责组织事故调查组的部门负责人批准，提交事故调查报告的期限可以适当延长，但延长期限最长不得超过九十日。事故技术鉴定所需时间不计入事故调查期限。

海事管理机构应当自收到海上交通事故调查报告之日起十五个工作日内作出事故责任认定书，作为处理海上交通事故的证据。

事故损失较小、事实清楚、责任明确的，可以依照国务院交通运输主管部门的规定适用简易调查程序。

海上交通事故调查报告、事故责任认定书应当依照有关法律、行政法规的规定向社会公开。

第八十六条 中国籍船舶在中华人民共和国管辖海域外发生海上交通事故的，应当及时向海事管理机构报告事故情况并接受调查。

外国籍船舶在中华人民共和国管辖海域外发生事故，造成中国公民重伤或者死亡的，海事管理机构根据中华人民共和国缔结或者参加的国际条约的规定参与调查。

第八十七条 船舶、海上设施在海上遭遇恶劣天气、海况以及意外事故，造成或者可能造成损害，需要说明并记录时间、海域以及所采取的应对措施等具体情况的，可以向海事管理机构申请办理海事声明签注。海事管理机构应当依照规定提供签注服务。

第八章 监督管理

第八十八条 海事管理机构对在中华人民共和国管辖海域内从事航行、停泊、作业以及其他与海上交通安全相关的活动，依法实施监督检查。

海事管理机构依照中华人民共和国法律、行政法规以及中华人民共和国缔结或者参加的国际条约对外国籍船舶实施港口国、沿岸国监督检查。

海事管理机构工作人员执行公务时，应当按照规定着装，佩戴职衔标志，出示执法证件，并自觉接受监督。

海事管理机构依法履行监督检查职责，有关单位、个人应当予以配合，不得拒绝、阻碍依法实施的监督检查。

第八十九条 海事管理机构实施监督检查可以采取登船检查、查验证书、现场检查、询问有关人员、电子监控等方式。

载运危险货物的船舶涉嫌存在瞒报、谎报危险货物等情况的，海事管理机构可以采取开箱查验等方式进行检查。海事管理机构应当将开箱查验情况通报有关部门。港口经营人和有关单位、个人应当予以协助。

第九十条 海事管理机构对船舶、海上设施实施监督检查时，应当避免、减少对其正常作业的影响。

除法律、行政法规另有规定或者不立即实施监督检查可能造成严重后果外，不得拦截正在航行中的船舶进行检查。

第九十一条 船舶、海上设施对港口安全具有威胁的，海事管理机构应当责令立即或者限期改正、限制操作，责令驶往指定地点、禁止进港或者将其驱逐出港。

船舶、海上设施处于不适航或者不适拖状态，船员、海上设施上的相关人员未持有有效的法定证书、文书，或者存在其他严重危害海上交通安全、污染海洋环境的隐患的，海事管理机构应当根据情况禁止有关船舶、海上设施进出港，暂扣有关证书、文书或者责令其停航、改航、驶往指定地点或者停止作业。船舶超载的，海事管理机构可以依法对船舶进行强制减载。因强制减载发生的费用由违法船舶所有人、经营人或者管理人承担。

船舶、海上设施发生海上交通事故、污染事故，未结清国家规定的税费、滞纳金且未提供担保或者未履行其他法定义务的，海事管理机构应当责令改正，并可以禁止其离港。

第九十二条 外国籍船舶可能威胁中华人民共和国内水、领海安全的，海事管理机构有权责令其离开。

外国籍船舶违反中华人民共和国海上交通安全或者防治船舶污染的法律、行政法规的，海事管理机构可以依法行使紧追权。

第九十三条 任何单位、个人有权向海事管理机构举报妨碍海上交通安全的行为。海事管理机构接到举报后，应当及时进行核实、处理。

第九十四条 海事管理机构在监督检查中，发现船舶、海上设施有违反其他法律、行政法规行为的，应当依法及时通报或者移送有关主管部门处理。

第九章 法律责任

第九十五条 船舶、海上设施未持有有效的证书、文书的，由海事管理机构责令改正，对违法船舶或者海上设施的所有人、经营人或者管理人处三万元以上三十万元以下的罚款，对船长和有关责任人员处三千元以上三万元以下的罚款；情节严重的，暂扣船长、责任船员的船员适任证书十八个月至三十个月，直至吊销船员适任证书；对船舶持有的伪造、变造证书、文书，予以没收；对存在严重安全隐患的船舶，可以依法予以没收。

第九十六条 船舶或者海上设施有下列情形之一的，由海事管理机构责令改正，对违法船舶或者海上设施的所有人、经营人或者管理人处二万元以上二十万元以下的罚款，对船长和有关责任人员处二千元以上二万元以下的罚款；情节严重的，吊销违法船舶所有人、经营人或者管理人的有关证书、文书，暂扣船长、责任船员的船员适任证书十二个月至二十四个月，直至吊销船员适任证书：

（一）船舶、海上设施的实际状况与持有的证书、文书不符；

（二）船舶未依法悬挂国旗，或者违法悬挂其他国家、地区或者组织的旗帜；

（三）船舶未按规定标明船名、船舶识别号、船籍港、载重线标志；

（四）船舶、海上设施的配员不符合最低安全配员要求。

第九十七条 在船舶上工作未持有船员适任证书、船员健康证明或者所持船员适任证书、健康证明不符合要求的，由海事管理机构对船舶的所有人、经营人或者管理人处一万元以上十万元以下的罚款，对责任船员处三千元以上三万元以下的罚款；情节严重的，对船舶的所有人、经营人或者管理人处三万元以上三十万元以下的罚款，暂扣责任船员的船员适任证书六个月至十二个月，直至吊销船员适任证书。

第九十八条 以欺骗、贿赂等不正当手段为中国籍船舶取得相关证书、文书的，由海事管理机构撤销有关许可，没收相关证书、文书，对船舶所有人、经营人或者管理人处四万元以上四十万元以下的罚款。

以欺骗、贿赂等不正当手段取得船员适任证书的，由海事管理机构撤销有关许可，没收船员适任证书，对责任人员处五千元以上五万元以下的罚款。

第九十九条 船员未保持安全值班，违反规定摄入可能影响安全值班的食品、药品或者其他物品，或者有其他违反海上船员值班规则的行为的，由海事管理机构对船长、责任船员处一千元以上一万元以下的罚款，或者暂扣船员适任证书三个月至十二个月；情节严重的，吊销船长、责任船员的船员适任证书。

第一百条 有下列情形之一的，由海事管理机构责令改正；情节严重的，处三万元以上十万元以下的罚款：

（一）建设海洋工程、海岸工程未按规定配备相应的防止船舶碰撞的设施、设备并设置专用航标；

（二）损坏海上交通支持服务系统或者妨碍其工作效能；

（三）未经海事管理机构同意设置、撤除专用航标，移动专用航标位置或者改变航标灯光、功率等其他状况，或者设置临时航标不符合海事管理机构确定的航标设置点；

（四）在安全作业区、港外锚地范围内从事养殖、种植、捕捞以及其他影响海上交通安全的作业或者活动。

第一百零一条 有下列情形之一的，由海事管理机构责令改正，对有关责任人员处三万元以下的罚款；情节严重的，处三万元以上十万元以下的罚款，并暂扣责任船员的船员适任证书一个月至三个月：

（一）承担无线电通信任务的船员和岸基无线电台（站）的工作人员未保持海上交通安全通信频道的值守和畅通，或者使用海上交通安全通信频率交流与海上交通安全无关的内容；

（二）违反国家有关规定使用无线电台识别码，影响海上搜救的身份识别；

（三）其他违反海上无线电通信规则的行为。

第一百零二条 船舶未依照本法规定申请引航的，由海事管理机构对违法船舶的所有人、经营人或者管理人处五万元以上五十万元以下的罚款，对船长处一千元以上一万元以下的罚款；情节严重的，暂扣有关船舶证书三个月至十二个月，暂扣船长的船员适任证书一个月至三个月。

引航机构派遣引航员存在过失，造成船舶损失的，由海事管理机构对引航机构处三万元以上三十万元以下的罚款。

未经引航机构指派擅自提供引航服务的，由海事管理机构对引领船舶的人员处三千元以上三万元以下的罚款。

第一百零三条 船舶在海上航行、停泊、作业，有下列情形之一的，由海事管理机构责令改正，对违法船舶的所有人、经营人或者管理人处二万元以上二十万元以下的罚款，对船长、责任船员处二千元以上二万元以下的罚款，暂扣船员适任证书三个月至十二个月；情节严重的，吊销船长、责任船员的船员适任证书：

（一）船舶进出港口、锚地或者通过桥区水域、海峡、狭水道、重要渔业水域、通航船舶密集的区域、船舶定线区、交通管制区时，未加强瞭望、保持安全航速并遵守前述区域的特殊航行规则；

（二）未按照有关规定显示信号、悬挂标志或者保持足够的富余水深；

（三）不符合安全开航条件冒险开航，违章冒险操作、作业，或者未按照船舶检验证书载明的航区航行、停泊、作业；

（四）未按照有关规定开启船舶的自动识别、航行数据记录、远程识别和跟踪、通信等与航行安全、保安、防治污染相关的装置，并持续进行显示和记录；

（五）擅自拆封、拆解、初始化、再设置航行数据记录装置或者读取其记录的信息；

（六）船舶穿越航道妨碍航道内船舶的正常航行，抢越他船船艏或者超过桥梁通航尺度进入桥区水域；

（七）船舶违反规定进入或者穿越禁航区；

（八）船舶载运或者拖带超长、超高、超宽、半潜的船舶、海上设施或者其他物体航行，未采取特殊的安全保障措施，未在开航前向海事管理机构报告航行计划，未按规定显示信号、悬挂标志，或者拖带移动式平台、浮船坞等大型海上设施未依法交验船舶检验机构出具的拖航检验证书；

（九）船舶在不符合安全条件的码头、泊位、装卸站、锚地、安全作业区停泊，或者停泊危及其他船舶、海上设施的安全；

（十）船舶违反规定超过检验证书核定的载客定额、载重线、载货种类载运乘客、货物，或者客船载运乘客同时载运危险货物；

（十一）客船未向乘客明示安全须知、设置安全标志和警示；

（十二）未按照有关法律、行政法规、规章以及强制性标准和技术规范的要求安全装卸、积载、隔离、系固和管理货物；

（十三）其他违反海上航行、停泊、作业规则的行为。

第一百零四条 国际航行船舶未经许可进出口岸的，由海事管理机构对违法船舶的所有人、经营人或者管理人处三千元以上三万元以下的罚款，对船长、责任船员或者其他责任人员，处二千元以上二万元以下的罚款；情节严重的，吊销船长、责任船员的船员适任证书。

国内航行船舶进出港口、港外装卸站未依法向海事管理机构报告的，由海事管理机构对违法船舶的所有人、经营人或者管理人处三千元以上三万元以下的罚款，对船长、责任船员或者其他责任人员处五百元以上五千元以下的罚款。

第一百零五条 船舶、海上设施未经许可从事海上施工作业，或者未按照许可要求、超出核定的安全作业区进行作业的，由海事管理机构责令改正，对违法船舶、海上设施的所有人、经营人或者管理人处三万元以上三十万元以下的罚款，对船长、责任船员处三千元以上三万元以下的罚款，或者暂扣船员适任证书六个月至十二个月；情节严重的，吊销船长、责任船员的船员适任证书。

从事可能影响海上交通安全的水上水下活动，未按规定提前报告海事管理机构的，由海事管理机构对违法船舶、海上设施的所有人、经营人或者管理人处一万元以上三万元以下的罚款，对船长、责任船员处二千元以上二万元以下的罚款。

第一百零六条 碍航物的所有人、经营人或者管理人有下列情形之一的，由海事管理机构责令改正，处二万元以上二十万元以下的罚款；逾期未改正的，海事管理机构有权依法实施代履行，代履行的费用由碍航物的所有人、经营人或者管理人承担：

（一）未按照有关强制性标准和技术规范的要求及时设置警示标志；

（二）未向海事管理机构报告碍航物的名称、形状、尺寸、位置和深度；

（三）未在海事管理机构限定的期限内打捞清除碍航物。

第一百零七条 外国籍船舶进出中华人民共和国内水、领海违反本法规定的，由海事管理机构对违法船舶的所有人、经营人或者管理人处五万元以上五十万元以下的罚款，对船长处一万元以上三万元以下的罚款。

第一百零八条 载运危险货物的船舶有下列情形之一的，海事管理机构应当责令改正，对违法船舶的所有人、经营人或者管理人处五万元以上五十万元以下的罚款，对船长、责任船员或者其他责任人员，处五千元以上五万元以下的罚款；情节严重的，责令停止作业或者航行，暂扣船长、责任船员的船员适任证书六个月至十二个月，直至吊销船员适任证书：

（一）未经许可进出港口或者从事散装液体危险货物过驳作业；

（二）未按规定编制相应的应急处置预案，配备相应的消防、应急设备和器材；

（三）违反有关强制性标准和安全作业操作规程的要求从事危险货物装卸、过驳作业。

第一百零九条 托运人托运危险货物，有下列情形之一的，由海事管理机构责令改正，处五万元以上三十万元以下的罚款：

（一）未将托运的危险货物的正式名称、危险性质以及应当采取的防护措施通知承运人；

（二）未按照有关法律、行政法规、规章以及强制性标准和技术规范的要求对危险货物妥善包装，设置明显的危险品标志和标签；

（三）在托运的普通货物中夹带危险货物或者将危险货物谎报为普通货物托运；

（四）未依法提交有关专业机构出具的表明该货物危险特性以及应当采取的防护措施等情况的文件。

第一百一十条 船舶、海上设施遇险或者发生海上交通事故后未履行报告义务，或者存在瞒报、谎报情形的，由海事管理机构对违法船舶、海上设施的所有人、经营人或者管理人处三千元以上三万元以下的罚款，对船长、责任船员处二千元以上二万元以下的罚款，暂扣船员适任证书六个月至二十四个月；情节严重的，对违法船舶、海上设施的所有人、经营人或者管理人处一万元以上十万元以下的罚款，吊销船长、责任船员的船员适任证书。

第一百一十一条 船舶发生海上交通事故后逃逸的，由海事管理机构对违法船舶的所有人、经营人或者管理人处十万元以上五十万元以下的罚款，对船长、责任船员处五千元以上五万元以下的罚款并吊销船员适任证书，受处罚者终身不得重新申请。

第一百一十二条 船舶、海上设施不依法履行海上救助义务，不服从海上搜救中心指挥的，由海事管理机构对船舶、海上设施的所有人、经营人或者管理人处三万元以上三十万元以下的罚款，暂扣船长、责任船员的船员适任证书六个月至十二个月，直至吊销船员适任证书。

第一百一十三条 有关单位、个人拒绝、阻碍海事管理机构监督检查，或者在接受监督检查时弄虚作假的，由海事管理机构处二千元以上二万元以下的罚款，暂扣船长、责任船员的船员适任证书六个月至二十四个月，直至吊销船员适任证书。

第一百一十四条 交通运输主管部门、海事管理机构及其他有关部门的工作人员违反本法规定，滥用职权、玩忽职守、徇私舞弊的，依法给予处分。

第一百一十五条 因海上交通事故引发民事纠纷的，当事人可以依法申请仲裁或者向人民法院提起诉讼。

第一百一十六条 违反本法规定，构成违反治安管理行为的，依法给予治安管理处罚；造成人身、财产损害的，依法承担民事责任；构成犯罪的，依法追究刑事责任。

第十章 附 则

第一百一十七条 本法下列用语的含义是：

船舶，是指各类排水或者非排水的船、艇、筏、水上飞行器、潜水器、移动式平台以及其他移动式装置。

海上设施，是指水上水下各种固定或者浮动建筑、装置和固定平台，但是不包括码头、防波堤等港口设施。

内水，是指中华人民共和国领海基线向陆地一侧至海岸线的海域。

施工作业，是指勘探、采掘、爆破，构筑、维修、拆除水上水下构筑物或者设施，航道建设、疏浚（航道养护疏浚除外）作业，打捞沉船沉物。

海上交通事故，是指船舶、海上设施在航行、停泊、作业过程中发生的，由于碰撞、搁浅、触礁、触碰、火灾、风灾、浪损、沉没等原因造成人员伤亡或者财产损失的事故。

海上险情，是指对海上生命安全、水域环境构成威胁，需立即采取措施规避、控制、减轻和消除的各种情形。

危险货物，是指国际海上危险货物运输规则和国家危险货物品名表上列明的，易燃、易爆、有毒、有腐蚀性、有放射性、有污染危害性等，在船舶载运过程中可能造成人身伤害、财产损失或者环境污染而需要采取特别防护措施的货物。

海上渡口，是指海上岛屿之间、海上岛屿与大陆之间，以及隔海相望的大陆与大陆之间，专用于渡船渡运人员、行李、车辆的交通基础设施。

第一百一十八条　公务船舶检验、船员配备的具体办法由国务院交通运输主管部门会同有关主管部门另行制定。

体育运动船舶的登记、检验办法由国务院体育主管部门另行制定。训练、比赛期间的体育运动船舶的海上交通安全监督管理由体育主管部门负责。

渔业船员、渔业无线电、渔业航标的监督管理，渔业船舶的登记管理，渔港水域内的海上交通安全管理，渔业船舶（含外国籍渔业船舶）之间交通事故的调查处理，由县级以上人民政府渔业渔政主管部门负责。法律、行政法规或者国务院对渔业船舶之间交通事故的调查处理另有规定的，从其规定。

除前款规定外，渔业船舶的海上交通安全管理由海事管理机构负责。渔业船舶的检验及其监督管理，由海事管理机构依照有关法律、行政法规的规定执行。

浮式储油装置等海上石油、天然气生产设施的检验适用有关法律、行政法规的规定。

第一百一十九条 海上军事管辖区和军用船舶、海上设施的内部海上交通安全管理，军用航标的设立和管理，以及为军事目的进行作业或者水上水下活动的管理，由中央军事委员会另行制定管理办法。

划定、调整海上交通功能区或者领海内特定水域，划定海上渡口的渡运线路，许可海上施工作业，可能对军用船舶的战备、训练、执勤等行动造成影响的，海事管理机构应当事先征求有关军事机关的意见。

执行军事运输任务有特殊需要的，有关军事机关应当及时向海事管理机构通报相关信息。海事管理机构应当给予必要的便利。

海上交通安全管理涉及国防交通、军事设施保护的，依照有关法律的规定执行。

第一百二十条 外国籍公务船舶在中华人民共和国领海航行、停泊、作业，违反中华人民共和国法律、行政法规的，依照有关法律、行政法规的规定处理。

在中华人民共和国管辖海域内的外国籍军用船舶的管理，适用有关法律的规定。

第一百二十一条 中华人民共和国缔结或者参加的国际条约同本法有不同规定的，适用国际条约的规定，但中华人民共和国声明保留的条款除外。

第一百二十二条 本法自 2021 年 9 月 1 日起施行。

防治船舶污染海洋环境管理条例

（2009 年 9 月 9 日中华人民共和国国务院令第 561 号公布 根据 2013 年 7 月 18 日《国务院关于废止和修改部分行政法规的决定》第一次修订 根据 2013 年 12 月 7 日《国务院关于修改部分行政法规的决定》第二次修订 根据 2014 年 7 月 29 日《国务院关于修改部分行政法规的决定》第三次修订 根据 2016 年 2 月 6 日《国务院关于修改部分行政法规的决定》第四次修订 根据 2017 年 3 月 1 日《国务院关于修改和废止部分行政法规的决定》第五次修订 根据 2018 年 3 月 19 日《国务院关于修改和废止部分行政法规的决定》第六次修订）

第一章 总 则

第一条 为了防治船舶及其有关作业活动污染海洋环境，根据《中华人民共和国海洋环境保护法》，制定本条例。

第二条 防治船舶及其有关作业活动污染中华人民共和国管辖海域适用本条例。

第三条 防治船舶及其有关作业活动污染海洋环境，实行预防为主、防治结合的原则。

第四条 国务院交通运输主管部门主管所辖港区水域内非军事船舶和港区水域外非渔业、非军事船舶污染海洋环境的防治工作。

海事管理机构依照本条例规定具体负责防治船舶及其有关作业活动污染海洋环境的监督管理。

第五条 国务院交通运输主管部门应当根据防治船舶及其有关作业活动污染海洋环境的需要，组织编制防治船舶及其有关作业活动污染海洋环境应急能力建设规划，报国务院批准后公布实施。

沿海设区的市级以上地方人民政府应当按照国务院批准的防治船舶及其有关作业活动污染海洋环境应急能力建设规划，并根据本地区的实际情况，组织编制相应的防治船舶及其有关作业活动污染海洋环境应急能力建设规划。

第六条 国务院交通运输主管部门、沿海设区的市级以上地方人民政府应当建立健全防治船舶及其有关作业活动污染海洋环境应急反应机制，并制定防治船舶及其有关作业活动污染海洋环境应急预案。

第七条 海事管理机构应当根据防治船舶及其有关作业活动污染海洋环境的需要，会同海洋主管部门建立健全船舶及其有关作业活动污染海洋环境的监测、监视机制，加强对船舶及其有关作业活动污染海洋环境的监测、监视。

第八条 国务院交通运输主管部门、沿海设区的市级以上地方人民政府应当按照防治船舶及其有关作业活动污染海洋环境应急能力建设规划，建立专业应急队伍和应急设备库，配备专用的设施、设备和器材。

第九条 任何单位和个人发现船舶及其有关作业活动造成或者可能造成海洋环境污染的，应当立即就近向海事管理机构报告。

第二章 防治船舶及其有关作业活动污染海洋环境的一般规定

第十条 船舶的结构、设备、器材应当符合国家有关防治船舶污染海洋环境的技术规范以及中华人民共和国缔结或者参加的国际条约的要求。

船舶应当依照法律、行政法规、国务院交通运输主管部门的规定以及中华人民共和国缔结或者参加的国际条约的要求，取得并随船携带相应的防治船舶污染海洋环境的证书、文书。

第十一条 中国籍船舶的所有人、经营人或者管理人应当按照国务院交通运输主管部门的规定，建立健全安全营运和防治船舶污染管理体系。

海事管理机构应当对安全营运和防治船舶污染管理体系进行审核，审核合格的，发给符合证明和相应的船舶安全管理证书。

第十二条 港口、码头、装卸站以及从事船舶修造的单位应当配备与其装卸货物种类和吞吐能力或者修造船舶能力相适应的污染监视设施和污染物接收设施，并使其处于良好状态。

第十三条 港口、码头、装卸站以及从事船舶修造、打捞、拆解等作业活动的单位应当制定有关安全营运和防治污染的管理制度，按照国家有关防治船舶及其有关作业活动污染海洋环境的规范和标准，配备相应的防治污染设备和器材。

港口、码头、装卸站以及从事船舶修造、打捞、拆解等作业活动的单位，应当定期检查、维护配备的防治污染设备和器材，确保防治污染设备和器材符合防治船舶及其有关作业活动污染海洋环境的要求。

第十四条 船舶所有人、经营人或者管理人应当制定防治船舶及其有关作业活动污染海洋环境的应急预案，并报海事管理机构备案。

港口、码头、装卸站的经营人以及有关作业单位应当制定防治船舶及其有关作业活动污染海洋环境的应急预案，并报海事管理机构和环境保护主管部门备案。

船舶、港口、码头、装卸站以及其他有关作业单位应当按照应急预案，定期组织演练，并做好相应记录。

第三章 船舶污染物的排放和接收

第十五条 船舶在中华人民共和国管辖海域向海洋排放的船舶

垃圾、生活污水、含油污水、含有毒有害物质污水、废气等污染物以及压载水，应当符合法律、行政法规、中华人民共和国缔结或者参加的国际条约以及相关标准的要求。

船舶应当将不符合前款规定的排放要求的污染物排入港口接收设施或者由船舶污染物接收单位接收。

船舶不得向依法划定的海洋自然保护区、海滨风景名胜区、重要渔业水域以及其他需要特别保护的海域排放船舶污染物。

第十六条 船舶处置污染物，应当在相应的记录簿内如实记录。

船舶应当将使用完毕的船舶垃圾记录簿在船舶上保留 2 年；将使用完毕的含油污水、含有毒有害物质污水记录簿在船舶上保留 3 年。

第十七条 船舶污染物接收单位从事船舶垃圾、残油、含油污水、含有毒有害物质污水接收作业，应当编制作业方案，遵守相关操作规程，并采取必要的防污染措施。船舶污染物接收单位应当将船舶污染物接收情况按照规定向海事管理机构报告。

第十八条 船舶污染物接收单位接收船舶污染物，应当向船舶出具污染物接收单证，经双方签字确认并留存至少 2 年。污染物接收单证应当注明作业双方名称，作业开始和结束的时间、地点，以及污染物种类、数量等内容。船舶应当将污染物接收单证保存在相应的记录簿中。

第十九条 船舶污染物接收单位应当按照国家有关污染物处理的规定处理接收的船舶污染物，并每月将船舶污染物的接收和处理情况报海事管理机构备案。

第四章 船舶有关作业活动的污染防治

第二十条 从事船舶清舱、洗舱、油料供受、装卸、过驳、修造、打捞、拆解，污染危害性货物装箱、充罐，污染清除作业以及利用船舶进行水上水下施工等作业活动的，应当遵守相关操作规程，并采取必要的安全和防治污染的措施。

从事前款规定的作业活动的人员，应当具备相关安全和防治污染的专业知识和技能。

第二十一条 船舶不符合污染危害性货物适载要求的，不得载运污染危害性货物，码头、装卸站不得为其进行装载作业。

污染危害性货物的名录由国家海事管理机构公布。

第二十二条 载运污染危害性货物进出港口的船舶，其承运人、货物所有人或者代理人，应当向海事管理机构提出申请，经批准方可进出港口或者过境停留。

第二十三条 载运污染危害性货物的船舶，应当在海事管理机构公布的具有相应安全装卸和污染物处理能力的码头、装卸站进行装卸作业。

第二十四条 货物所有人或者代理人交付船舶载运污染危害性货物，应当确保货物的包装与标志等符合有关安全和防治污染的规定，并在运输单证上准确注明货物的技术名称、编号、类别（性质）、数量、注意事项和应急措施等内容。

货物所有人或者代理人交付船舶载运污染危害性不明的货物，应当委托有关技术机构进行危害性评估，明确货物的危害性质以及有关安全和防治污染要求，方可交付船舶载运。

第二十五条 海事管理机构认为交付船舶载运的污染危害性货物应当申报而未申报，或者申报的内容不符合实际情况的，可以按照国务院交通运输主管部门的规定采取开箱等方式查验。

海事管理机构查验污染危害性货物，货物所有人或者代理人应当到场，并负责搬移货物，开拆和重封货物的包装。海事管理机构认为必要的，可以径行查验、复验或者提取货样，有关单位和个人应当配合。

第二十六条 进行散装液体污染危害性货物过驳作业的船舶，

其承运人、货物所有人或者代理人应当向海事管理机构提出申请，告知作业地点，并附送过驳作业方案、作业程序、防治污染措施等材料。

海事管理机构应当自受理申请之日起2个工作日内作出许可或者不予许可的决定。2个工作日内无法作出决定的，经海事管理机构负责人批准，可以延长5个工作日。

第二十七条 依法获得船舶油料供受作业资质的单位，应当向海事管理机构备案。海事管理机构应当对船舶油料供受作业进行监督检查，发现不符合安全和防治污染要求的，应当予以制止。

第二十八条 船舶燃油供给单位应当如实填写燃油供受单证，并向船舶提供船舶燃油供受单证和燃油样品。

船舶和船舶燃油供给单位应当将燃油供受单证保存3年，并将燃油样品妥善保存1年。

第二十九条 船舶修造、水上拆解的地点应当符合环境功能区划和海洋功能区划。

第三十条 从事船舶拆解的单位在船舶拆解作业前，应当对船舶上的残余物和废弃物进行处置，将油舱（柜）中的存油驳出，进行船舶清舱、洗舱、测爆等工作。

从事船舶拆解的单位应当及时清理船舶拆解现场，并按照国家有关规定处理船舶拆解产生的污染物。

禁止采取冲滩方式进行船舶拆解作业。

第三十一条 禁止船舶经过中华人民共和国内水、领海转移危险废物。

经过中华人民共和国管辖的其他海域转移危险废物的，应当事先取得国务院环境保护主管部门的书面同意，并按照海事管理机构指定的航线航行，定时报告船舶所处的位置。

第三十二条 船舶向海洋倾倒废弃物，应当如实记录倾倒情况。返港后，应当向驶出港所在地的海事管理机构提交书面报告。

第三十三条 载运散装液体污染危害性货物的船舶和1万总吨以上的其他船舶，其经营人应当在作业前或者进出港口前与符合国家有关技术规范的污染清除作业单位签订污染清除作业协议，明确双方在发生船舶污染事故后污染清除的权利和义务。

与船舶经营人签订污染清除作业协议的污染清除作业单位应当在发生船舶污染事故后，按照污染清除作业协议及时进行污染清除作业。

第五章 船舶污染事故应急处置

第三十四条 本条例所称船舶污染事故，是指船舶及其有关作业活动发生油类、油性混合物和其他有毒有害物质泄漏造成的海洋环境污染事故。

第三十五条 船舶污染事故分为以下等级：

（一）特别重大船舶污染事故，是指船舶溢油1000吨以上，或者造成直接经济损失2亿元以上的船舶污染事故；

（二）重大船舶污染事故，是指船舶溢油500吨以上不足1000吨，或者造成直接经济损失1亿元以上不足2亿元的船舶污染事故；

（三）较大船舶污染事故，是指船舶溢油100吨以上不足500吨，或者造成直接经济损失5000万元以上不足1亿元的船舶污染事故；

（四）一般船舶污染事故，是指船舶溢油不足100吨，或者造成直接经济损失不足5000万元的船舶污染事故。

第三十六条 船舶在中华人民共和国管辖海域发生污染事故，或者在中华人民共和国管辖海域外发生污染事故造成或者可能造成中华人民共和国管辖海域污染的，应当立即启动相应的应急预案，采取措施控制和消除污染，并就近向有关海事管理机构报告。

发现船舶及其有关作业活动可能对海洋环境造成污染的，船舶、码头、装卸站应当立即采取相应的应急处置措施，并就近向有关海事管理机构报告。

接到报告的海事管理机构应当立即核实有关情况，并向上级海事管理机构或者国务院交通运输主管部门报告，同时报告有关沿海设区的市级以上地方人民政府。

第三十七条　船舶污染事故报告应当包括下列内容：

（一）船舶的名称、国籍、呼号或者编号；

（二）船舶所有人、经营人或者管理人的名称、地址；

（三）发生事故的时间、地点以及相关气象和水文情况；

（四）事故原因或者事故原因的初步判断；

（五）船舶上污染物的种类、数量、装载位置等概况；

（六）污染程度；

（七）已经采取或者准备采取的污染控制、清除措施和污染控制情况以及救助要求；

（八）国务院交通运输主管部门规定应当报告的其他事项。

作出船舶污染事故报告后出现新情况的，船舶、有关单位应当及时补报。

第三十八条　发生特别重大船舶污染事故，国务院或者国务院授权国务院交通运输主管部门成立事故应急指挥机构。

发生重大船舶污染事故，有关省、自治区、直辖市人民政府应当会同海事管理机构成立事故应急指挥机构。

发生较大船舶污染事故和一般船舶污染事故，有关设区的市级人民政府应当会同海事管理机构成立事故应急指挥机构。

有关部门、单位应当在事故应急指挥机构统一组织和指挥下，按照应急预案的分工，开展相应的应急处置工作。

第三十九条　船舶发生事故有沉没危险，船员离船前，应当尽可能关闭所有货舱（柜）、油舱（柜）管系的阀门，堵塞货舱（柜）、油舱（柜）通气孔。

船舶沉没的，船舶所有人、经营人或者管理人应当及时向海事管理机构报告船舶燃油、污染危害性货物以及其他污染物的性质、数量、种类、装载位置等情况，并及时采取措施予以清除。

第四十条 发生船舶污染事故或者船舶沉没，可能造成中华人民共和国管辖海域污染的，有关沿海设区的市级以上地方人民政府、海事管理机构根据应急处置的需要，可以征用有关单位或者个人的船舶和防治污染设施、设备、器材以及其他物资，有关单位和个人应当予以配合。

被征用的船舶和防治污染设施、设备、器材以及其他物资使用完毕或者应急处置工作结束，应当及时返还。船舶和防治污染设施、设备、器材以及其他物资被征用或者征用后毁损、灭失的，应当给予补偿。

第四十一条 发生船舶污染事故，海事管理机构可以采取清除、打捞、拖航、引航、过驳等必要措施，减轻污染损害。相关费用由造成海洋环境污染的船舶、有关作业单位承担。

需要承担前款规定费用的船舶，应当在开航前缴清相关费用或者提供相应的财务担保。

第四十二条 处置船舶污染事故使用的消油剂，应当符合国家有关标准。

第六章 船舶污染事故调查处理

第四十三条 船舶污染事故的调查处理依照下列规定进行：

（一）特别重大船舶污染事故由国务院或者国务院授权国务院交通运输主管部门等部门组织事故调查处理；

（二）重大船舶污染事故由国家海事管理机构组织事故调查处理；

（三）较大船舶污染事故和一般船舶污染事故由事故发生地的海事管理机构组织事故调查处理。

船舶污染事故给渔业造成损害的，应当吸收渔业主管部门参与调查处理；给军事港口水域造成损害的，应当吸收军队有关主管部门参与调查处理。

第四十四条　发生船舶污染事故，组织事故调查处理的机关或者海事管理机构应当及时、客观、公正地开展事故调查，勘验事故现场，检查相关船舶，询问相关人员，收集证据，查明事故原因。

第四十五条　组织事故调查处理的机关或者海事管理机构根据事故调查处理的需要，可以暂扣相应的证书、文书、资料；必要时，可以禁止船舶驶离港口或者责令停航、改航、停止作业直至暂扣船舶。

第四十六条　组织事故调查处理的机关或者海事管理机构开展事故调查时，船舶污染事故的当事人和其他有关人员应当如实反映情况和提供资料，不得伪造、隐匿、毁灭证据或者以其他方式妨碍调查取证。

第四十七条　组织事故调查处理的机关或者海事管理机构应当自事故调查结束之日起 20 个工作日内制作事故认定书，并送达当事人。

事故认定书应当载明事故基本情况、事故原因和事故责任。

第七章　船舶污染事故损害赔偿

第四十八条　造成海洋环境污染损害的责任者，应当排除危害，并赔偿损失；完全由于第三者的故意或者过失，造成海洋环境污染损害的，由第三者排除危害，并承担赔偿责任。

第四十九条　完全属于下列情形之一，经过及时采取合理措施，仍然不能避免对海洋环境造成污染损害的，免予承担责任：

（一）战争；

（二）不可抗拒的自然灾害；

（三）负责灯塔或者其他助航设备的主管部门，在执行职责时的疏忽，或者其他过失行为。

第五十条 船舶污染事故的赔偿限额依照《中华人民共和国海商法》关于海事赔偿责任限制的规定执行。但是，船舶载运的散装持久性油类物质造成中华人民共和国管辖海域污染的，赔偿限额依照中华人民共和国缔结或者参加的有关国际条约的规定执行。

前款所称持久性油类物质，是指任何持久性烃类矿物油。

第五十一条 在中华人民共和国管辖海域内航行的船舶，其所有人应当按照国务院交通运输主管部门的规定，投保船舶油污损害民事责任保险或者取得相应的财务担保。但是，1000 总吨以下载运非油类物质的船舶除外。

船舶所有人投保船舶油污损害民事责任保险或者取得的财务担保的额度应当不低于《中华人民共和国海商法》、中华人民共和国缔结或者参加的有关国际条约规定的油污赔偿限额。

第五十二条 已依照本条例第五十一条的规定投保船舶油污损害民事责任保险或者取得财务担保的中国籍船舶，其所有人应当持船舶国籍证书、船舶油污损害民事责任保险合同或者财务担保证明，向船籍港的海事管理机构申请办理船舶油污损害民事责任保险证书或者财务保证证书。

第五十三条 发生船舶油污事故，国家组织有关单位进行应急处置、清除污染所发生的必要费用，应当在船舶油污损害赔偿中优先受偿。

第五十四条 在中华人民共和国管辖水域接收海上运输的持久性油类物质货物的货物所有人或者代理人应当缴纳船舶油污损害赔偿基金。

船舶油污损害赔偿基金征收、使用和管理的具体办法由国务院财政部门会同国务院交通运输主管部门制定。

国家设立船舶油污损害赔偿基金管理委员会，负责处理船舶油污损害赔偿基金的赔偿等事务。船舶油污损害赔偿基金管理委员会由有关行政机关和缴纳船舶油污损害赔偿基金的主要货主组成。

第五十五条 对船舶污染事故损害赔偿的争议，当事人可以请求海事管理机构调解，也可以向仲裁机构申请仲裁或者向人民法院提起民事诉讼。

第八章 法律责任

第五十六条 船舶、有关作业单位违反本条例规定的，海事管理机构应当责令改正；拒不改正的，海事管理机构可以责令停止作业、强制卸载，禁止船舶进出港口、靠泊、过境停留，或者责令停航、改航、离境、驶向指定地点。

第五十七条 违反本条例的规定，船舶的结构不符合国家有关防治船舶污染海洋环境的技术规范或者有关国际条约要求的，由海事管理机构处10万元以上30万元以下的罚款。

第五十八条 违反本条例的规定，有下列情形之一的，由海事管理机构依照《中华人民共和国海洋环境保护法》有关规定予以处罚：

（一）船舶未取得并随船携带防治船舶污染海洋环境的证书、文书的；

（二）船舶、港口、码头、装卸站未配备防治污染设备、器材的；

（三）船舶向海域排放本条例禁止排放的污染物的；

（四）船舶未如实记录污染物处置情况的；

（五）船舶超过标准向海域排放污染物的；

（六）从事船舶水上拆解作业，造成海洋环境污染损害的。

☞ **适用要点**

“船舶未取得并随船携带防治船舶污染海洋环境的证书、文书”，根据《中华人民共和国海洋环境保护法》第八十七条第二项的规定，属于“船舶未持有防污证书、防污文书，或者不按照规定记载排污记录的”，由依照本法规定行使海洋环境监督管理权的部门予以警告，或者处2万元以下的罚款。

“船舶、港口、码头、装卸站未配备防治污染设备、器材”，根据《中华人民共和国海洋环境保护法》第八十七条第一项的规定，属于“港口、码头、装卸站及船舶未配备防污设施、器材”，由依照本法规定行使海洋环境监督管理权的部门予以警告，或者处2万元以上10万元以下的罚款。

“船舶向海域排放本条例禁止排放的污染物”，根据《中华人民共和国海洋环境保护法》第七十三条第一款第一项的规定，属于“向海域排放本法禁止排放的污染物或者其他物质的”，由依照本法规定行使海洋环境监督管理权的部门责令停止违法行为、限期改正或者责令采取限制生产、停产整治等措施，并处3万元以上20万元以下的罚款；拒不改正的，依法作出处罚决定的部门可以自责令改正之日的次日起，按照原罚款数额按日连续处罚；情节严重的，报经有批准权的人民政府批准，责令停业、关闭。

“船舶未如实记录污染物处置情况”，根据《中华人民共和国海洋环境保护法》第七十四条第一款第三项的规定，属于“不按照规定记录倾倒情况，或者不按照规定提交倾倒报告的”，由依照本法规定行使海洋环境监督管理权的部门予以警告，或者处2万元以下的罚款。

“船舶超过标准向海域排放污染物”，根据《中华人民共和国海洋环境保护法》第七十三条第一款第二项的规定，属于“不按照本法规定向海洋排放污染物，或者超过标准、总量控制指标排放污染物的”，由依照本法规定行使海洋环境监督管理权的部门责令停止违法行为、限期改正或者责令采取限制生产、停产整治等措施，并处2万元以上10万元以下的罚款；拒不改正的，依法作出处罚决定的部门可以自责令改正之日的次日起，按照原罚款数额按日连续处罚；

情节严重的，报经有批准权的人民政府批准，责令停业、关闭。

“从事船舶水上拆解作业，造成海洋环境污染损害”，根据《中华人民共和国海洋环境保护法》第八十七条第一款第三项的规定，属于“从事水上和港区水域拆船、旧船改装、打捞和其他水上、水下施工作业，造成海洋环境污染损害的”，由依照本法规定行使海洋环境监督管理权的部门予以警告，或者处5万元以上20万元以下的罚款。

第五十九条 违反本条例的规定，船舶未按照规定在船舶上留存船舶污染物处置记录，或者船舶污染物处置记录与船舶运行过程中产生的污染物数量不符合的，由海事管理机构处2万元以上10万元以下的罚款。

第六十条 违反本条例的规定，船舶污染物接收单位从事船舶垃圾、残油、含油污水、含有毒有害物质污水接收作业，未编制作业方案、遵守相关操作规程、采取必要的防污染措施的，由海事管理机构处1万元以上5万元以下的罚款；造成海洋环境污染的，处5万元以上25万元以下的罚款。

第六十一条 违反本条例的规定，船舶污染物接收单位未按照规定向海事管理机构报告船舶污染物接收情况，或者未按照规定向船舶出具污染物接收单证，或者未按照规定将船舶污染物的接收和处理情况报海事管理机构备案的，由海事管理机构处2万元以下的罚款。

第六十二条 违反本条例的规定，有下列情形之一的，由海事管理机构处2000元以上1万元以下的罚款：

（一）船舶未按照规定保存污染物接收单证的；

（二）船舶燃油供给单位未如实填写燃油供受单证的；

（三）船舶燃油供给单位未按照规定向船舶提供燃油供受单证和燃油样品的；

（四）船舶和船舶燃油供给单位未按照规定保存燃油供受单证和

燃油样品的。

第六十三条 违反本条例的规定，有下列情形之一的，由海事管理机构处2万元以上10万元以下的罚款：

（一）载运污染危害性货物的船舶不符合污染危害性货物适载要求的；

（二）载运污染危害性货物的船舶未在具有相应安全装卸和污染物处理能力的码头、装卸站进行装卸作业的；

（三）货物所有人或者代理人未按照规定对污染危害性不明的货物进行危害性评估的。

第六十四条 违反本条例的规定，未经海事管理机构批准，船舶载运污染危害性货物进出港口、过境停留或者过驳作业的，由海事管理机构处1万元以上5万元以下的罚款。

第六十五条 违反本条例的规定，有下列情形之一的，由海事管理机构处2万元以上10万元以下的罚款：

（一）船舶发生事故沉没，船舶所有人或者经营人未及时向海事管理机构报告船舶燃油、污染危害性货物以及其他污染物的性质、数量、种类、装载位置等情况的；

（二）船舶发生事故沉没，船舶所有人或者经营人未及时采取措施清除船舶燃油、污染危害性货物以及其他污染物的。

第六十六条 违反本条例的规定，有下列情形之一的，由海事管理机构处1万元以上5万元以下的罚款：

（一）载运散装液体污染危害性货物的船舶和1万总吨以上的其他船舶，其经营人未按照规定签订污染清除作业协议的；

（二）污染清除作业单位不符合国家有关技术规范从事污染清除作业的。

第六十七条 违反本条例的规定，发生船舶污染事故，船舶、有关作业单位未立即启动应急预案的，对船舶、有关作业单位，由海事管理机构处2万元以上10万元以下的罚款；对直接负责的主管人员和其他直接责任人员，由海事管理机构处 1 万元以上 2 万元以下的罚款。直接负责的主管人员和其他直接责任人员属于船员的，并处给予暂扣适任证书或者其他有关证件 1 个月至 3 个月的处罚。

第六十八条 违反本条例的规定，发生船舶污染事故，船舶、有关作业单位迟报、漏报事故的，对船舶、有关作业单位，由海事管理机构处 5 万元以上 25 万元以下的罚款；对直接负责的主管人员和其他直接责任人员，由海事管理机构处 1 万元以上 5 万元以下的罚款。直接负责的主管人员和其他直接责任人员属于船员的，并处给予暂扣适任证书或者其他有关证件 3 个月至 6 个月的处罚。瞒报、谎报事故的，对船舶、有关作业单位，由海事管理机构处 25 万元以上 50 万元以下的罚款；对直接负责的主管人员和其他直接责任人员，由海事管理机构处 5 万元以上 10 万元以下的罚款。直接负责的主管人员和其他直接责任人员属于船员的，并处给予吊销适任证书或者其他有关证件的处罚。

第六十九条 违反本条例的规定，未按照国家规定的标准使用消油剂的，由海事管理机构对船舶或者使用单位处 1 万元以上 5 万元以下的罚款。

第七十条 违反本条例的规定，船舶污染事故的当事人和其他有关人员，未如实向组织事故调查处理的机关或者海事管理机构反映情况和提供资料，伪造、隐匿、毁灭证据或者以其他方式妨碍调查取证的，由海事管理机构处 1 万元以上 5 万元以下的罚款。

第七十一条 违反本条例的规定，船舶所有人有下列情形之一的，由海事管理机构责令改正，可以处 5 万元以下的罚款；拒不改正的，处 5 万元以上 25 万元以下的罚款：

（一）在中华人民共和国管辖海域内航行的船舶，其所有人未按照规定投保船舶油污损害民事责任保险或者取得相应的财务担保的；

（二）船舶所有人投保船舶油污损害民事责任保险或者取得的财务担保的额度低于《中华人民共和国海商法》、中华人民共和国缔结或者参加的有关国际条约规定的油污赔偿限额的。

第七十二条　违反本条例的规定，在中华人民共和国管辖水域接收海上运输的持久性油类物质货物的货物所有人或者代理人，未按照规定缴纳船舶油污损害赔偿基金的，由海事管理机构责令改正；拒不改正的，可以停止其接收的持久性油类物质货物在中华人民共和国管辖水域进行装卸、过驳作业。

货物所有人或者代理人逾期未缴纳船舶油污损害赔偿基金的，应当自应缴之日起按日加缴未缴额的万分之五的滞纳金。

第九章　附　　则

第七十三条　中华人民共和国缔结或者参加的国际条约对防治船舶及其有关作业活动污染海洋环境有规定的，适用国际条约的规定。但是，中华人民共和国声明保留的条款除外。

第七十四条　县级以上人民政府渔业主管部门负责渔港水域内非军事船舶和渔港水域外渔业船舶污染海洋环境的监督管理，负责保护渔业水域生态环境工作，负责调查处理《中华人民共和国海洋环境保护法》第五条第四款规定的渔业污染事故。

第七十五条　军队环境保护部门负责军事船舶污染海洋环境的监督管理及污染事故的调查处理。

第七十六条　本条例自2010年3月1日起施行。1983年12月29日国务院发布的《中华人民共和国防止船舶污染海域管理条例》同时废止。

防止拆船污染环境管理条例

（1988年5月18日国务院发布　根据2016年2月6日《国务院关于修改部分行政法规的决定》第一次修订　根据2017年3月1日《国务院关于修改和废止部分行政法规的决定》第二次修订）

第一条　为防止拆船污染环境，保护生态平衡，保障人体健康，促进拆船事业的发展，制定本条例。

第二条　本条例适用于在中华人民共和国管辖水域从事岸边和水上拆船活动的单位和个人。

第三条　本条例所称岸边拆船，指废船停靠拆船码头拆解；废船在船坞拆解；废船冲滩（不包括海难事故中的船舶冲滩）拆解。

本条例所称水上拆船，指对完全处于水上的废船进行拆解。

第四条　县级以上人民政府环境保护部门负责组织协调、监督检查拆船业的环境保护工作，并主管港区水域外的岸边拆船环境保护工作。

中华人民共和国港务监督（含港航监督，下同）主管水上拆船和综合港港区水域拆船的环境保护工作，并协助环境保护部门监督港区水域外的岸边拆船防止污染工作。

国家渔政渔港监督管理部门主管渔港水域拆船的环境保护工作，负责监督拆船活动对沿岸渔业水域的影响，发现污染损害事故后，会同环境保护部门调查处理。

军队环境保护部门主管军港水域拆船的环境保护工作。

国家海洋管理部门和重要江河的水资源保护机构，依据《中华人民共和国海洋环境保护法》和《中华人民共和国水污染防治法》确定的职责，协助以上各款所指主管部门监督拆船的防止污染工作。

县级以上人民政府的环境保护部门、中华人民共和国港务监督、国家渔政渔港监督管理部门和军队环境保护部门，在主管本条第一、第二、第三、第四款所确定水域的拆船环境保护工作时，简称“监督拆船污染的主管部门”。

第五条 地方人民政府应当根据需要和可能，结合本地区的特点、环境状况和技术条件，统筹规划、合理设置拆船厂。

在饮用水源地、海水淡化取水点、盐场、重要的渔业水域、海水浴场、风景名胜区以及其他需要特殊保护的区域，不得设置拆船厂。

☞ 适用要点

《中华人民共和国海洋环境保护法》作出了更具体的规定。第二十条第一款规定，国务院和沿海地方各级人民政府应当采取有效措施，保护红树林、珊瑚礁、滨海湿地、海岛、海湾、入海河口、重要渔业水域等具有典型性、代表性的海洋生态系统，珍稀、濒危海洋生物的天然集中分布区，具有重要经济价值的海洋生物生存区域及有重大科学文化价值的海洋自然历史遗迹和自然景观。第七十六条规定，造成珊瑚礁、红树林等海洋生态系统及海洋水产资源、海洋保护区破坏的，由依照《中华人民共和国海洋环境保护法》行使海洋环境监督管理权的部门责令限期改正和采取补救措施，并处1万元以上10万元以下的罚款；有违法所得的，没收其违法所得。

第六条 设置拆船厂，必须编制环境影响报告书（表）。其内容包括：拆船厂的地理位置、周围环境状况、拆船规模和条件、拆船工艺、防污措施、预期防治效果等。未依法进行环境影响评价的拆船厂，不得开工建设。

环境保护部门在批准环境影响报告书（表）前，应当征求各有关部门的意见。

☞ 适用要点

根据《中华人民共和国防治海岸工程建设项目污染损害海洋环

境管理条例》第二条的规定，海岸工程建设项目，是指位于海岸或者与海岸连接，工程主体位于海岸线向陆一侧，对海洋环境产生影响的新建、改建、扩建工程项目。具体包括：港口、码头、航道、滨海机场工程项目；造船厂、修船厂；滨海火电站、核电站、风电站；滨海物资存储设施工程项目；滨海矿山、化工、轻工、冶金等工业工程项目；固体废弃物、污水等污染物处理处置排海工程项目。滨海大型养殖场；海岸防护工程、砂石场和入海河口处的水利设施；滨海石油勘探开发工程项目。因此，设置拆船厂的建设工程，属于海岸工程建设项目。不过，《中华人民共和国防治海岸工程建设项目污染损害海洋环境管理条例》第三条第二款规定，拆船厂建设项目的环境保护管理，依照《防止拆船污染环境管理条例》执行。

第七条 监督拆船污染的主管部门有权对拆船单位的拆船活动进行检查，被检查单位必须如实反映情况，提供必要的资料。

监督拆船污染的主管部门有义务为被检查单位保守技术和业务秘密。

第八条 对严重污染环境的拆船单位，限期治理。

对拆船单位的限期治理，由监督拆船污染的主管部门提出意见，通过批准环境影响报告书（表）的环境保护部门，报同级人民政府决定。

第九条 拆船单位应当健全环境保护规章制度，认真组织实施。

第十条 拆船单位必须配备或者设置防止拆船污染必需的拦油装置、废油接收设备、含油污水接收处理设施或者设备、废弃物回收处置场等，并经批准环境影响报告书（表）的环境保护部门验收合格，发给验收合格证后，方可进船拆解。

第十一条 拆船单位在废船拆解前，必须清除易燃、易爆和有毒物质；关闭海底阀和封闭可能引起油污水外溢的管道。垃圾、残油、废油、油泥、含油污水和易燃易爆物品等废弃物必须送到岸上集中处理，并不得采用渗坑、渗井的处理方式。

废油船在拆解前，必须进行洗舱、排污、清舱、测爆等工作。

第十二条　在水上进行拆船作业的拆船单位和个人，必须事先采取有效措施，严格防止溢出、散落水中的油类和其他漂浮物扩散。

在水上进行拆船作业，一旦出现溢出、散落水中的油类和其他漂浮物，必须及时收集处理。

第十三条　排放洗舱水、压舱水和舱底水，必须符合国家和地方规定的排放标准；排放未经处理的洗舱水、压舱水和舱底水，还必须经过监督拆船污染的主管部门批准。

监督拆船污染的主管部门接到拆船单位申请排放未经处理的洗舱水、压舱水和舱底水的报告后，应当抓紧办理，及时审批。

第十四条　拆下的船舶部件或者废弃物，不得投弃或者存放水中；带有污染物的船舶部件或者废弃物，严禁进入水体。未清洗干净的船底和油柜必须拖到岸上拆解。

拆船作业产生的电石渣及其废水，必须收集处理，不得流入水中。

船舶拆解完毕，拆船单位和个人应当及时清理拆船现场。

第十五条　发生拆船污染损害事故时，拆船单位或者个人必须立即采取消除或者控制污染的措施，并迅速报告监督拆船污染的主管部门。

污染损害事故发生后，拆船单位必须向监督拆船污染的主管部门提交《污染事故报告书》，报告污染发生的原因、经过、排污数量、采取的抢救措施、已造成和可能造成的污染损害后果等，并接受调查处理。

第十六条　拆船单位关闭或者搬迁后，必须及时清理原厂址遗留的污染物，并由监督拆船污染的主管部门检查验收。

第十七条　违反本条例规定，有下列情形之一的，监督拆船污染的主管部门除责令其限期纠正外，还可以根据不同情节，处以1万元以上10万元以下的罚款：

（一）发生污染损害事故，不向监督拆船污染的主管部门报告也不采取消除或者控制污染措施的；

（二）废油船未经洗舱、排污、清舱和测爆即行拆解的；

（三）任意排放或者丢弃污染物造成严重污染的。

☞ **适用要点**

《中华人民共和国海洋环境保护法》第七十三条作出了更为严格的规定，向海域排放本法禁止排放的污染物或者其他物质的，由监督拆船污染的主管部门责令停止违法行为、限期改正或者责令采取限制生产、停产整治等措施，并处3万元以上20万元以下的罚款；拒不改正的，依法作出处罚决定的部门可以自责令改正之日的次日起，按照原罚款数额按日连续处罚；情节严重的，报经有批准权的人民政府批准，责令停业、关闭。

《中华人民共和国海上海事行政处罚规定》第三十六条则规定，“海事管理机构除责令其限期纠正外，还可以根据不同情节，处1万元以上10万元以下的罚款”，明确了海事管理机构作为这三类违法行为的执法主体。

违反本条例规定，擅自在第五条第二款所指的区域设置拆船厂并进行拆船的，按照分级管理的原则，由县级以上人民政府责令限期关闭或者搬迁。

☞ **适用要点**

拆船厂建设项目的环境保护管理，独立于《中华人民共和国防治海岸工程建设项目污染损害海洋环境管理条例》，依照《防止拆船污染环境管理条例》执行。

拆船厂未依法进行环境影响评价擅自开工建设的，依照《中华人民共和国环境保护法》的规定处罚。

☞ **适用要点**

《中华人民共和国海洋环境保护法》第七十九条规定，海岸工程建设项目未依法进行环境影响评价的，依照《中华人民共和国环境影响评价法》的规定处理。因而，拆船厂未依法进行环境影响评价擅自开工建设的，应依照《中华人民共和国环境影响评价法》的规定处罚。

《中华人民共和国环境影响评价法》第三十一条第一款规定，建设单位未依法报批建设项目环境影响报告书、报告表，擅自开工建设的，由县级以上生态环境主管部门责令停止建设，根据违法情节和危害后果，处建设项目总投资额百分之一以上百分之五以下的罚款，并可以责令恢复原状；对建设单位直接负责的主管人员和其他直接责任人员，依法给予行政处分。

第十八条 违反本条例规定，有下列情形之一的，监督拆船污染的主管部门除责令其限期纠正外，还可以根据不同情节，给予警告或者处以1万元以下的罚款：

（一）拒绝或者阻挠监督拆船污染的主管部门进行现场检查或者在被检查时弄虚作假的；

☞ **适用要点**

《中华人民共和国海洋环境保护法》第七十五条作出了更严格的规定，拒绝现场检查，或者在被检查时弄虚作假的，由监督拆船污染的主管部门予以警告，并处2万元以下的罚款。

（二）未按规定要求配备和使用防污设施、设备和器材，造成环境污染的；

☞ **适用要点**

《中华人民共和国海洋环境保护法》第八十条作出了更严格的规定，海岸工程建设项目未建成环境保护设施，或者环境保护设施未达到规定要求即投入生产、使用的，由环境保护行政主管部门责令其停止生产或者使用，并处2万元以上10万元以下的罚款。

（三）发生污染损害事故，虽采取消除或者控制污染措施，但不向监督拆船污染的主管部门报告的；

（四）拆船单位关闭、搬迁后，原厂址的现场清理不合格的。

☞ **适用要点**

《中华人民共和国海上海事行政处罚规定》第三十七条“海事管理机构除责令其限期纠正外，还可以根据不同情节，处警告或者1万元以下的罚款”，明确了海事管理机构作为本条例第十八条所列四类违法行为的执法主体。

第十九条 罚款全部上缴国库。

拆船单位和个人在受到罚款后，并不免除其对本条例规定义务的履行，已造成污染危害的，必须及时排除危害。

第二十条 对经限期治理逾期未完成治理任务的拆船单位，可以根据其造成的危害后果，责令停业整顿或者关闭。

前款所指拆船单位的停业整顿或者关闭，由作出限期治理决定的人民政府决定。责令国务院有关部门直属的拆船单位停业整顿或者关闭，由国务院环境保护部门会同有关部门批准。

第二十一条 对造成污染损害后果负有责任的或者有第十八条第（一）项所指行为的拆船单位负责人和直接责任者，可以根据不同情节，由其所在单位或者上级主管机关给予行政处分。

第二十二条 当事人对行政处罚决定不服的，可以在收到处罚决定通知之日起15日内，向人民法院起诉；期满不起诉又不履行的，由作出处罚决定的主管部门申请人民法院强制执行。

第二十三条 因拆船污染直接遭受损害的单位或者个人，有权要求造成污染损害方赔偿损失。造成污染损害方有责任对直接遭受危害的单位或者个人赔偿损失。

赔偿责任和赔偿金额的纠纷，可以根据当事人的请求，由监督拆船污染的主管部门处理；当事人对处理决定不服的，可以向人民法院起诉。

当事人也可以直接向人民法院起诉。

第二十四条 凡直接遭受拆船污染损害，要求赔偿损失的单位和个人，应当提交《污染索赔报告书》。报告书应当包括以下内容：

（一）受拆船污染损害的时间、地点、范围、对象，以及当时的气象、水文条件；

（二）受拆船污染损害的损失清单，包括品名、数量、单价、计算方法等；

（三）有关监测部门的鉴定。

第二十五条　因不可抗拒的自然灾害，并经及时采取防范和抢救措施，仍然不能避免造成污染损害的，免予承担赔偿责任。

第二十六条　对检举、揭发拆船单位隐瞒不报或者谎报污染损害事故，以及积极采取措施制止或者减轻污染损害的单位和个人，给予表扬和奖励。

☞ **适用要点**

本条是关于举报的规定。一是明确了举报的主体。举报主体为单位和个人，这里的单位应包括法人和其他组织。二是明确了隐瞒不报或者谎报污染损害事故的单位作为举报的对象。《中华人民共和国环境保护法》扩大了举报的对象，对于政府、环境保护主管部门和其他负有环境保护职责部门不依法履行职责的，可以向上级机关或监察机关举报。

第二十七条　监督拆船污染的主管部门的工作人员玩忽职守、滥用职权、徇私舞弊的，由其所在单位或者上级主管机关给予行政处分；对国家和人民利益造成重大损失、构成犯罪的，依法追究刑事责任。

第二十八条　本条例自 1988 年 6 月 1 日起施行。

中华人民共和国船舶及其有关作业活动污染海洋环境防治管理规定

（2010年11月16日交通运输部令2010年第7号公布　根据2013年8月31日交通运输部《关于修改〈中华人民共和国船舶及其有关作业活动污染海洋环境防治管理规定〉的决定》第一次修正　根据2013年12月24日交通运输部《关于修改〈中华人民共和国船舶及其有关作业活动污染海洋环境防治管理规定〉的决定》第二次修正　根据2016年12月13日交通运输部《关于修改〈中华人民共和国船舶及其有关作业活动污染海洋环境防治管理规定〉的决定》第三次修正　根据2017年5月23日交通运输部《关于修改〈中华人民共和国船舶及其有关作业活动污染海洋环境防治管理规定〉的决定》第四次修正）

第一章　总　　则

第一条　为了防治船舶及其有关作业活动污染海洋环境，根据《中华人民共和国海洋环境保护法》、《中华人民共和国大气污染防治法》、《中华人民共和国防治船舶污染海洋环境管理条例》和中华人民共和国缔结或者加入的国际条约，制定本规定。

第二条　防治船舶及其有关作业活动污染中华人民共和国管辖海域适用本规定。

本规定所称有关作业活动，是指船舶装卸、过驳、清舱、洗舱、油料供受、修造、打捞、拆解、污染危害性货物装箱、充罐、污染清除以及其他水上水下船舶施工作业等活动。

第三条 国务院交通运输主管部门主管全国船舶及其有关作业活动污染海洋环境的防治工作。

国家海事管理机构负责监督管理全国船舶及其有关作业活动污染海洋环境的防治工作。

各级海事管理机构根据职责权限，具体负责监督管理本辖区船舶及其有关作业活动污染海洋环境的防治工作。

第二章 一般规定

第四条 船舶的结构、设备、器材应当符合国家有关防治船舶污染海洋环境的船舶检验规范以及中华人民共和国缔结或者加入的国际条约的要求，并按照国家规定取得相应的合格证书。

第五条 船舶应当依照法律、行政法规、国务院交通运输主管部门的规定以及中华人民共和国缔结或者加入的国际条约的要求，取得并随船携带相应的防治船舶污染海洋环境的证书、文书。

海事管理机构应当向社会公布本条第一款规定的证书、文书目录，并及时更新。

第六条 中国籍船舶持有的防治船舶污染海洋环境的证书、文书由国家海事管理机构或者其认可的机构签发；外国籍船舶持有的防治船舶污染海洋环境的证书、文书应当符合中华人民共和国缔结或者加入的国际条约的要求。

第七条 船员应当具有相应的防治船舶污染海洋环境的专业知识和技能，并按照有关法律、行政法规、规章的规定参加相应的培训、考试，持有有效的适任证书或者相应的培训合格证明。

从事有关作业活动的单位应当组织本单位作业人员进行操作技能、设备使用、作业程序、安全防护和应急反应等专业培训，确保作业人员具备相关安全和防治污染的专业知识和技能。

第八条 港口、码头、装卸站和从事船舶修造作业的单位应当按照国家有关标准配备相应的污染监视设施和污染物接收设施。

港口、码头、装卸站以及从事船舶修造、打捞、拆解等有关作业活动的其他单位应当按照国家有关标准配备相应的防治污染设备和器材。

第九条 船舶从事下列作业活动，应当遵守有关法律法规、标准和相关操作规程，落实安全和防治污染措施，并在作业前将作业种类、作业时间、作业地点、作业单位和船舶名称等信息向海事管理机构报告；作业信息变更的，应当及时补报：

（一）在沿海港口进行舷外拷铲、油漆作业或者使用焚烧炉的；

（二）在港区水域内洗舱、清舱、驱气以及排放垃圾、生活污水、残油、含油污水、含有毒有害物质污水等污染物和压载水的；

（三）冲洗沾有污染物、有毒有害物质的甲板的；

（四）进行船舶水上拆解、打捞、修造和其他水上、水下船舶施工作业的；

（五）进行船舶油料供受作业的。

第十条 从事3万载重吨以上油轮的货舱清舱、1万吨以上散装液体污染危害性货物过驳以及沉船打捞、油轮拆解等存在较大污染风险的作业活动的，作业方应当进行作业方案可行性研究，并在作业活动中接受海事管理机构的检查。

第十一条 任何单位和个人发现船舶及其有关作业活动造成或者可能造成海洋环境污染的，应当立即就近向海事管理机构报告。

第三章 船舶污染物的排放与接收

第十二条 在中华人民共和国管辖海域航行、停泊、作业的船舶排放船舶垃圾、生活污水、含油污水、含有毒有害物质污水、废气等污染物以及压载水，应当符合法律、行政法规、有关标准以及中华人民共和国缔结或者加入的国际条约的规定。

船舶在船舶排放控制区内航行、停泊、作业还应当遵守船舶排放控制区大气污染防治控制要求。船舶应当使用低硫燃油或者采取使用岸电、清洁能源、尾气后处理装置等替代措施满足船舶大气排放控制要求。

第十三条　船舶不得向依法划定的海洋自然保护区、海洋特别保护区、海滨风景名胜区、重要渔业水域以及其他需要特别保护的海域排放污染物。

依法设立本条第一款规定的需要特别保护的海域的，应当在适当的区域配套设置船舶污染物接收设施和应急设备器材。

第十四条　船舶应当将不符合第十二条规定排放要求以及依法禁止向海域排放的污染物，排入具备相应接收能力的港口接收设施或者委托具备相应接收能力的船舶污染物接收单位接收。

船舶委托船舶污染物接收单位进行污染物接收作业的，其船舶经营人应当在作业前明确指定所委托的船舶污染物接收单位。

第十五条　船舶污染物接收单位进行船舶垃圾、残油、含油污水、含有毒有害物质污水等污染物接收作业，应当在作业前将作业时间、作业地点、作业单位、作业船舶、污染物种类和数量以及拟处置的方式及去向等情况向海事管理机构报告。接收处理情况发生变更的，应当及时补报。

港口建立船舶污染物接收、转运、处置监管联单制度的，船舶与船舶污染物接收单位应当按照联单制度的要求将船舶污染物接收、转运和处置情况报告有关主管部门。

第十六条　船舶污染物接收作业单位应当落实安全与防污染管理制度。进行污染物接收作业的，应当编制作业方案，遵守国家有关标准、规程，并采取有效的防污染措施，防止污染物溢漏。

第十七条　船舶污染物接收单位应当在污染物接收作业完毕后，向船舶出具污染物接收单证，经双方签字确认并留存至少2年。污染物接收单证上应当注明作业单位名称，作业双方船名，作业开始和结束的时间、地点，以及污染物种类、数量等内容。

船舶应当将污染物接收单证保存在相应的记录簿中。

第十八条 船舶进行涉及污染物处置的作业，应当在相应的记录簿内规范填写、如实记录，真实反映船舶运行过程中产生的污染物数量、处置过程和去向。按照法律、行政法规、国务院交通运输主管部门的规定以及中华人民共和国缔结或者加入的国际条约的要求，不需要配备记录簿的，应当将有关情况在作业当日的航海日志或者轮机日志中如实记载。

船舶应当将使用完毕的船舶垃圾记录簿在船舶上保留 2 年；将使用完毕的含油污水、含有毒有害物质污水记录簿在船舶上保留 3 年。

第十九条 船舶污染物接收单位应当将接收的污染物交由具有国家规定资质的污染物处理单位进行处理，并每月将船舶污染物的接收和处理情况报海事管理机构备案。

第二十条 接收处理含有有毒有害物质或者其他危险成分的船舶污染物的，应当符合国家有关危险废物的管理规定。来自疫区船舶产生的污染物，应当经有关检疫部门检疫处理后方可进行接收和处理。

第二十一条 船舶应当配备有盖、不渗漏、不外溢的垃圾储存容器，或者对垃圾实行袋装。

船舶应当对垃圾进行分类收集和存放，对含有有毒有害物质或者其他危险成分的垃圾应当单独存放。

船舶将含有有毒有害物质或者其他危险成分的垃圾排入港口接收设施或者委托船舶污染物接收单位接收的，应当向对方说明此类垃圾所含物质的名称、性质和数量等情况。

第二十二条 船舶应当按照国家有关规定以及中华人民共和国缔结或者加入的国际条约的要求，设置与生活污水产生量相适应的处理装置或者储存容器。

第四章 船舶载运污染危害性货物及其有关作业

第二十三条 本规定所称污染危害性货物，是指直接或者间接进入水体，会损害水体质量和环境质量，从而产生损害生物资源、危害人体健康等有害影响的货物。

国家海事管理机构应当向社会公布污染危害性货物的名录，并根据需要及时更新。

第二十四条 船舶载运污染危害性货物进出港口，承运人或者代理人应当在进出港24小时前（航程不足24小时的，在驶离上一港口时）向海事管理机构办理船舶适载申报手续；货物所有人或者代理人应当在船舶适载申报之前向海事管理机构办理货物适运申报手续。

货物适运申报和船舶适载申报经海事管理机构审核同意后，船舶方可进出港口或者过境停留。

第二十五条 交付运输的污染危害性货物的特性、包装以及针对货物采取的风险防范和应急措施等应当符合国家有关标准、规定以及中华人民共和国缔结或者加入的国际条约的要求；需要经国家有关主管部门依法批准后方可载运的，还需要取得有关主管部门的批准。

船舶适载的条件按照《中华人民共和国海事行政许可条件规定》关于船舶载运危险货物的适载条件执行。

第二十六条 货物所有人或者代理人办理货物适运申报手续的，应当向海事管理机构提交下列材料：

（一）货物适运申报单，包括货物所有人或者代理人有关情况以及货物名称、种类、特性等基本信息；

（二）由代理人办理货物适运申报手续的，应当提供货物所有人出具的有效授权证明；

（三）相应的污染危害性货物安全技术说明书，安全作业注意事项、防范和应急措施等有关材料；

（四）需要经国家有关主管部门依法批准后方可载运的污染危害性货物，应当持有有效的批准文件；

（五）交付运输下列污染危害性货物的，还应当提交下列材料：

1. 载运包装污染危害性货物的，应当提供包装和中型散装容器检验合格证明或者压力容器检验合格证明；

2. 使用可移动罐柜装载污染危害性货物的，应当提供罐柜检验合格证明；

3. 载运放射性污染危害性货物的，应当提交放射性剂量证明；

4. 货物中添加抑止剂或者稳定剂的，应当提交抑止剂或者稳定剂的名称、数量、温度、有效期以及超过有效期时应当采取的措施；

5. 载运限量污染危害性货物的，应当提交限量危险货物证明；

6. 载运污染危害性不明货物的，应当提交符合第三十条规定的污染危害性评估报告。

第二十七条 承运人或者代理人办理船舶适载申报手续的，应当向海事管理机构提交下列材料：

（一）船舶载运污染危害性货物申报单，包括承运人或者代理人有关情况以及货物名称、种类、特性等基本信息；

（二）海事管理机构批准的货物适运证明；

（三）由代理人办理船舶适载申报手续的，应当提供承运人出具的有效授权证明；

（四）防止油污证书、船舶适载证书、船舶油污损害民事责任保险或者其他财务保证证书；

（五）载运污染危害性货物的船舶在运输途中发生过意外情况的，还应当在船舶载运污染危害性货物申报单内扼要说明所发生意外情况的原因、已采取的控制措施和目前状况等有关情况，并于抵港后送交详细报告；

（六）列明实际装载情况的清单、舱单或者积载图；

（七）拟进行装卸作业的港口、码头、装卸站。

定船舶、定航线、定货种的船舶可以办理不超过1个月期限的船舶定期适载申报手续。办理船舶定期适载申报手续的，除应当提交本条第一款规定的材料外，还应当提交能够证明固定船舶在固定航线上运输固定污染危害性货物的有关材料。

第二十八条 海事管理机构收到货物适运申报、船舶适载申报后，应当根据第二十五条规定的条件在24小时内作出批准或者不批准的决定；办理船舶定期适载申报的，应当在7日内作出批准或者不批准的决定。

第二十九条 货物所有人或者代理人交付船舶载运污染危害性货物，应当采取有效的防治污染措施，确保货物的包装与标志的规格、比例、色度、持久性等符合国家有关安全与防治污染的要求，并在运输单证上如实注明该货物的技术名称、数量、类别、性质、预防和应急措施等内容。

第三十条 货物所有人或者代理人交付船舶载运污染危害性不明的货物，应当委托具备相应资质的技术机构对货物的污染危害性质和船舶载运技术条件进行评估。

第三十一条 曾经载运污染危害性货物的空容器和运输组件，应当彻底清洗并消除危害，取得由具有国家规定资质的检测机构出具的清洁证明后，方可按照普通货物交付船舶运输。在未彻底清洗并消除危害之前，应当按照原所装货物的要求进行运输。

第三十二条 海事管理机构认为交付船舶载运的货物应当按照污染危害性货物申报而未申报的，或者申报的内容不符合实际情况的，经海事管理机构负责人批准，可以采取开箱等方式查验。

海事管理机构在实施开箱查验时，货物所有人或者代理人应当到场，并负责搬移货物，开拆和重封货物的包装。海事管理机构认为必要时，可以径行开验、复验或者提取货样。有关单位和个人应当配合。

第三十三条 船舶不符合污染危害性货物适载要求的，不得载运污染危害性货物，码头、装卸站不得为其进行装卸作业。

发现船舶及其有关作业活动可能对海洋环境造成污染危害的，码头、装卸站、船舶应当立即采取相应的应急措施，并向海事管理机构报告。

第三十四条 从事污染危害性货物装卸作业的码头、装卸站，应当符合安全装卸和污染物处理的相关标准，并向海事管理机构提交安全装卸和污染物处理能力情况的有关材料。海事管理机构应当将具有相应安全装卸和污染物处理能力的码头、装卸站向社会公布。

载运污染危害性货物的船舶应当在海事管理机构公布的具有相应安全装卸和污染物处理能力的码头、装卸站进行装卸作业。

第三十五条 船舶进行散装液体污染危害性货物过驳作业的，应当符合国家海上交通安全和防治船舶污染海洋环境的管理规定和技术规范，选择缓流、避风、水深、底质等条件较好的水域，远离人口密集区、船舶通航密集区、航道、重要的民用目标或者设施、军用水域，制定安全和防治污染的措施和应急计划并保证有效实施。

第三十六条 进行散装液体污染危害性货物过驳作业的船舶，其承运人、货物所有人或者代理人应当向海事管理机构提交下列申请材料：

（一）船舶作业申请书，内容包括作业船舶资料、联系人、联系方式、作业时间、作业地点、过驳种类和数量等基本情况；

（二）船舶作业方案、拟采取的监护和防治污染措施；

（三）船舶作业应急预案；

（四）对船舶作业水域通航安全和污染风险的分析报告；

（五）与具有相应能力的污染清除作业单位签订的污染清除作业协议。

海事管理机构应当自受理申请之日起 2 日内根据第三十五条规

定的条件作出批准或者不予批准的决定。2 日内无法作出决定的，经海事管理机构负责人批准，可以延长 5 日。

第三十七条 从事船舶油料供受作业的单位应当向海事管理机构备案，并提交下列备案材料：

（一）工商营业执照；

（二）安全与防治污染制度文件、应急预案、应急设备物资清单、输油软管耐压检测证明以及作业人员参加培训情况；

（三）通过船舶进行油料供受作业的，还应当提交船舶相关证书、船上油污应急计划、作业船舶油污责任保险凭证以及船员适任证书；

（四）燃油质量承诺书；从事成品油供受作业的单位应当同时提交有关部门依法批准的成品油批发或者零售经营的证书。

第三十八条 进行船舶油料供受作业的，作业双方应当采取满足安全和防治污染要求的供受油作业管理措施，同时应当遵守下列规定：

（一）作业前，应当做到：

1. 检查管路、阀门，做好准备工作，堵好甲板排水孔，关好有关通海阀；

2. 检查油类作业的有关设备，使其处于良好状态；

3. 对可能发生溢漏的地方，设置集油容器；

4. 供受油双方以受方为主商定联系信号，双方均应切实执行。

（二）作业中，要有足够人员值班，当班人员要坚守岗位，严格执行操作规程，掌握作业进度，防止跑油、漏油；

（三）停止作业时，必须有效关闭有关阀门；

（四）收解输油软管时，必须事先用盲板将软管有效封闭，或者采取其他有效措施，防止软管存油倒流入海。

海事管理机构应当对船舶油料供受作业进行监督检查，发现不符合安全和防治污染要求的，应当予以制止。

第三十九条 船舶燃油供给单位应当如实填写燃油供受单证，并向船舶提供燃油供受单证和燃油样品。燃油供受单证应当包括受油船船名，船舶识别号或国际海事组织编号，作业时间、地点，燃油供应商的名称、地址和联系方式以及燃油种类、数量、密度和含硫量等内容。船舶和燃油供给单位应当将燃油供受单证保存 3 年，将燃油样品妥善保存 1 年。

燃油供给单位应当确保所供燃油的质量符合相关标准要求，并将所供燃油送交取得国家规定资质的燃油检测单位检测。燃油质量的检测报告应当留存在作业船舶上备查。

第四十条 船舶应当在出港前将上一航次消耗的燃料种类和数量，主机、辅机和锅炉功率以及运行工况时间等信息按照规定报告海事管理机构。

船舶按照船舶排放控制区要求转换低硫燃油或者采取使用岸电、清洁能源、尾气后处理装置等替代措施满足船舶大气排放控制要求的，应当按照规定如实记录。

第四十一条 船舶进行下列作业，且作业量超过 300 吨时，应当采取包括布设围油栏在内的防污染措施，其中过驳作业由过驳作业经营人负责：

（一）散装持久性油类的装卸和过驳作业，但船舶燃油供应作业除外；

（二）比重小于1（相对于水）、溶解度小于0.1%的散装有毒液体物质的装卸和过驳作业；

（三）其他可能造成水域严重污染的作业。

因自然条件等原因，不适合布设围油栏的，应当采取有效替代措施。

第四十二条 载运污染危害性货物的船舶进出港口和通过桥区、交通管制区、通航密集区以及航行条件受限制的区域，或者载运剧毒、爆炸、放射性货物的船舶进出港口，应当遵守海事管理机构的特别规定，并采取必要的安全和防治污染保障措施。

第四十三条 船舶载运散发有毒有害气体或者粉尘物质等货物的，应当采取密闭或者其他防护措施。对有封闭作业要求的污染危害性货物，在运输和作业过程中应当采取措施回收有毒有害气体。

第五章 船舶拆解、打捞、修造和其他水上水下船舶施工作业

第四十四条 禁止采取冲滩方式进行船舶拆解作业。

第四十五条 进行船舶拆解、打捞、修造和其他水上水下船舶施工作业的，应当遵守相关操作规程，并采取必要的安全和防治污染措施。

第四十六条 在进行船舶拆解和船舶油舱修理作业前，作业单位应当将船舶上的残余物和废弃物进行有效处置，将燃油舱、货油舱中的存油驳出，进行洗舱、清舱、测爆等工作，并按照规定取得船舶污染物接收单证和有效的测爆证书。

船舶燃油舱、货油舱中的存油需要通过过驳方式交付储存的，应当遵守本规定关于散装液体污染危害性货物过驳作业的要求。

修造船厂应当建立防治船舶污染海洋环境管理制度，采取必要防护措施，防止船舶修造期间造成海洋环境污染。

第四十七条 在船坞内进行船舶修造作业的，修造船厂应当将坞内污染物清理完毕，确认不会造成水域污染后，方可沉起浮船坞或者开启坞门。

第四十八条 船舶拆解、打捞、修造或者其他水上水下船舶施工作业结束后，应当及时清除污染物，并将作业全过程产生的污染物的清除处理情况一并向海事管理机构报告，海事管理机构可以视情况进行现场核实。

第六章 法律责任

第四十九条 海事管理机构发现船舶、有关作业单位存在违反本规定行为的，应当责令改正；拒不改正的，海事管理机构可以责令停止作业、强制卸载，禁止船舶进出港口、靠泊、过境停留，或者责令停航、改航、离境、驶向指定地点。

第五十条 违反本规定，船舶的结构不符合国家有关防治船舶污染海洋环境的船舶检验规范或者有关国际条约要求的，由海事管理机构处10万元以上30万元以下的罚款。

第五十一条 违反本规定，船舶、港口、码头和装卸站未配备防治污染设施、设备、器材，有下列情形之一的，由海事管理机构予以警告，或者处2万元以上10万元以下的罚款：

（一）配备的防治污染设施、设备、器材数量不能满足法律、行政法规、规章、有关标准以及我国缔结或者参加的国际条约要求的；

（二）配备的防治污染设施、设备、器材技术性能不能满足法律、行政法规、规章、有关标准以及我国缔结或者参加的国际条约要求的。

第五十二条 违反本规定第九条、第四十条规定，船舶未按照规定将有关情况向海事管理机构报告的，由海事管理机构予以警告；情节严重的，处2万元以下的罚款。

第五十三条 违反本规定，船舶未持有防治船舶污染海洋环境的证书、文书的，由海事管理机构予以警告，或者处2万元以下的罚款。

第五十四条 违反本规定，船舶向海域排放本规定禁止排放的污染物的，由海事管理机构处3万元以上20万元以下的罚款。

☞ **适用要点**

《中华人民共和国海洋环境保护法》对此作出了修改。根据第七十三条的规定，由海事管理机构责令停止违法行为、限期改正或者责令采取限制生产、停产整治等措施，并处3万元以上20万元以下的罚款；拒不改正的，依法作出处罚决定的部门可以自责令改正之日的次日起，按照原罚款数额按日连续处罚；情节严重的，报经有批准权的人民政府批准，责令停业、关闭。

第五十五条 违反本规定，船舶排放或者处置污染物，有下列情形之一的，由海事管理机构处2万元以上10万元以下的罚款：

（一）超过标准向海域排放污染物的；

☞ **适用要点**

《中华人民共和国海洋环境保护法》对此作出了修改。根据第七十三条的规定，不按照本法规定向海洋排放污染物，或者超过标准、总量控制指标排放污染物的，由海事管理机构责令停止违法行为、限期改正或者责令采取限制生产、停产整治等措施，并处2万元以上10万元以下的罚款；拒不改正的，依法作出处罚决定的部门可以自责令改正之日的次日起，按照原罚款数额按日连续处罚；情节严重的，报经有批准权的人民政府批准，责令停业、关闭。

（二）未按照规定在船上留存船舶污染物排放或者处置记录的；

（三）船舶污染物处置记录与船舶运行过程中产生的污染物数量不符合的。

第五十六条 违反本规定，船舶污染物接收单位进行船舶垃圾、残油、含油污水、含有毒有害物质污水等污染物接收作业，未编制作业方案、遵守相关操作规程、采取必要的防污染措施的，由海事管理机构处1万元以上5万元以下的罚款；造成海洋环境污染的，处5万元以上25万元以下的罚款。

第五十七条 违反本规定，船舶、船舶污染物接收单位接收处理污染物，有下列第（一）项情形的，由海事管理机构予以警告，或者处2万元以下的罚款；有下列第（二）项、第（三）项情形的，由海事管理机构处2万元以下的罚款：

（一）船舶未如实记录污染物处置情况的；

（二）船舶污染物接收单位未按照规定向海事管理机构报告船舶污染物接收情况，或者未按照规定向船舶出具污染物接收单证的；

（三）船舶污染物接收单位未按照规定将船舶污染物的接收和处理情况报海事管理机构备案的。

第五十八条 违反本规定，未经海事管理机构批准，船舶载运污染危害性货物进出港口、过境停留的，由海事管理机构对其承运人、货物所有人或者代理人处 1 万元以上 5 万元以下的罚款；未经海事管理机构批准，船舶进行散装液体污染危害性货物过驳作业的，由海事管理机构对船舶处 1 万元以上 5 万元以下的罚款。

第五十九条 违反本规定，有下列第（一）项情形的，由海事管理机构予以警告，或者处 2 万元以上 10 万元以下的罚款；有下列第（二）项、第（三）项、第（四）项情形的，由海事管理机构处 2 万元以上 10 万元以下的罚款：

（一）船舶载运的污染危害性货物不具备适运条件的；

（二）载运污染危害性货物的船舶不符合污染危害性货物适载要求的；

（三）载运污染危害性货物的船舶未在具有相应安全装卸和污染物处理能力的码头、装卸站进行装卸作业的；

（四）货物所有人或者代理人未按照规定对污染危害性不明的货物进行污染危害性评估的。

第六十条 违反本规定，有下列情形之一的，由海事管理机构处 2000 元以上 1 万元以下的罚款：

（一）船舶未按照规定保存污染物接收单证的；

（二）船舶油料供受单位未如实填写燃油供受单证的；

（三）船舶油料供受单位未按照规定向船舶提供燃油供受单证和燃油样品的；

（四）船舶和船舶油料供受单位未按照规定保存燃油供受单证和

燃油样品的。

船舶油料供给单位未按照有关安全和防治污染规范要求从事供受油作业，或者所提供的船舶油料超标的，由海事管理机构要求整改，并通报有关主管部门。

第六十一条 违反本规定，进行船舶水上拆解、旧船改装、打捞和其他水上水下船舶施工作业，造成海洋环境污染损害的，由海事管理机构予以警告，或者处5万元以上20万元以下的罚款。

第七章 附　　则

第六十二条 军事船舶以及国务院交通运输主管部门所辖港区水域外渔业船舶污染海洋环境的防治工作，不适用本规定。

第六十三条 本规定自2011年2月1日起施行。

中华人民共和国海上海事行政处罚规定

（2021年9月1日交通运输部令2021年第27号公布自公布之日起施行）

第一章 总　　则

第一条 为规范海上海事行政处罚行为，保护当事人的合法权益，保障和监督海上海事行政管理，维护海上交通秩序，防治船舶污染水域，根据《海上交通安全法》《海洋环境保护法》《行政处罚法》及其他有关法律、行政法规，制定本规定。

第二条 实施海事行政处罚，应当遵循合法、公开、公正，处罚与教育相结合的原则。

第三条 海事行政处罚，由海事管理机构依法实施。

第二章 海事行政处罚的适用

第四条 海事管理机构实施海事行政处罚时，应当责令当事人改正或者限期改正海事行政违法行为。

第五条 对有两个或者两个以上海事行政违法行为的同一当事人，应当分别处以海事行政处罚，合并执行。

对有共同海事行政违法行为的当事人，应当分别处以海事行政处罚。

第六条 实施海事行政处罚，应当与海事行政违法行为的事实、性质、情节以及社会危害程度相适应。

第七条 海事行政违法行为的当事人有下列情形之一的，应当依法从轻或者减轻给予海事行政处罚：

（一）主动消除或者减轻海事行政违法行为危害后果的；

（二）受他人胁迫或者诱骗实施海事行政违法行为的；

（三）主动供述海事管理机构尚未掌握的违法行为的；

（四）配合海事管理机构查处海事行政违法行为有立功表现的；

（五）法律、法规、规章规定应当依法从轻或者减轻行政处罚的其他情形。

海事行政违法行为轻微并及时改正，没有造成危害后果的，不予海事行政处罚。初次违法且危害后果轻微并及时改正的，可以不予海事行政处罚。

本条第一款所称依法从轻给予海事行政处罚，是指在法定的海事行政处罚种类、幅度范围内给予较轻的海事行政处罚。

本条第一款所称依法减轻给予海事行政处罚，是指在法定的海事行政处罚种类、幅度最低限以下给予海事行政处罚。

有海事行政违法行为的中国籍船舶和船员在境外已经受到处罚的，不得重复给予海事行政处罚。

第八条 对当事人的同一个海事行政违法行为，不得给予两次以上罚款的行政处罚。同一个违法行为违反多个法律规范应当给予罚款处罚的，按照罚款数额高的规定处罚。

第三章 海事行政违法行为和行政处罚

第一节 违反船舶、海上设施管理秩序

第九条 违反《海上交通安全法》第九条的规定，船舶、海上设施未持有有效的证书、文书的，由海事管理机构责令改正，对违法船舶或者海上设施的所有人、经营人或者管理人处3万元以上30万元以下的罚款，对船长和有关责任人员处3000元以上3万元以下的罚款；情节严重的，对违法船舶或者海上设施的所有人、经营人或者管理人处3万元以上30万元以下的罚款，暂扣船长、责任船员的船员适任证书18个月至30个月，直至吊销船员适任证书；对船舶持有的伪造、变造证书、文书，予以没收；对存在严重安全隐患的船舶，可以依法予以没收。

前款所称“有效的证书、文书”包括船舶国籍证书、船舶最低安全配员证书、符合证明、安全管理证书、海事劳工证书、海上船舶载重线证书、水上移动通信业务标识码证书、船舶制式无线电台执照、航海日志、轮机日志等。

本条第一款所称“船舶、海上设施未持有有效的证书、文书”，包括以下情形：

（一）未取得证书、文书的；

（二）超过所持证书、文书限定范围的；

（三）持有的证书、文书超过有效期限的。

本条第一款所称“存在严重安全隐患的船舶”，是指未持有任何有效的船舶证书，且存在以下任一情形的船舶：

（一）处于航行、作业状态，已达强制报废年限；或经船舶检验机构评估，船舶结构、稳性、强度等低于强制性标准和技术规范，且经督促在三个月内未整改到位的；

（二）从事客运或者危险货物运输的。

第十条 违反《海上交通安全法》第九条的规定，以欺骗、贿赂等不正当手段为中国籍船舶取得相关证书、文书的，由海事管理机构撤销有关许可，没收相关证书、文书，对船舶所有人、经营人或者管理人处4万元以上40万元以下的罚款。

前款所称“欺骗”是指以提供虚假材料，隐瞒真实情况等方式骗取相关证书、文书。

第十一条 违反《海上交通安全法》第九条、第十条、第三十三条的规定，船舶、海上设施有下列情形之一的，由海事管理机构责令改正，对违法船舶或者海上设施的所有人、经营人或者管理人处2万元以上20万元以下的罚款，对船长和有关责任人员处2000元以上2万元以下的罚款；情节严重的，吊销违法船舶所有人、经营人或者管理人的有关证书、文书，暂扣船长、责任船员的船员适任证书12个月至24个月，直至吊销船员适任证书：

（一）船舶、海上设施的实际状况与持有的证书、文书不符；

（二）船舶未依法悬挂国旗，或者违法悬挂其他国家、地区或者组织的旗帜；

（三）船舶未按规定标明船名、船舶识别号、船籍港、载重线标志。

前款所称“船舶所有人、经营人或者管理人的有关证书、文书”包括由海事管理机构颁发给船舶所有人、经营人或者管理人的证书、文书，如符合证明等，也包括船舶所有人、经营人或者管理人依法为其所属船舶办理的证书、文书，如船舶国籍证书、安全管理证书、海事劳工证书等。

第二节 违反船员管理秩序

第十二条 违反《海上交通安全法》第十三条的规定，在船舶上工作未持有船员适任证书、船员健康证明或者所持船员适任证书、健康证明不符合要求的，由海事管理机构对船舶的所有人、经营人或者管理人处1万元以上10万元以下的罚款，对责任船员处3000元以上3万元以下的罚款；情节严重的，对船舶的所有人、经营人或者管理人处3万元以上30万元以下的罚款，暂扣责任船员的船员适任证书6个月至12个月，直至吊销船员适任证书。

前款所称“船员适任证书、健康证明不符合要求”，包括以下情形：

（一）所服务船舶的航区（线）、种类和等级或者所任职务超越所持船员适任证书限定的范围，或所任职务超越所持船员健康证明限定的范围；

（二）超过证书、证明有效期限；

（三）持伪造、变造、转让、买卖或者租借的证书、证明。

以欺骗、贿赂等不正当手段取得船员适任证书的，由海事管理机构撤销有关许可，没收船员适任证书，对责任人员处5000元以上5万元以下的罚款。

第十三条 船员用人单位、船舶所有人有下列未按照规定招用外国籍船员在中国籍船舶上任职情形的，依照《船员条例》第五十五条的规定，由海事管理机构责令改正，处3万元以上15万元以下罚款：

（一）在中国籍船舶上工作的外国籍船员未依照法律、行政法规和国家其他有关规定取得就业许可；

（二）在中国籍船舶上工作的外国籍船员未持有国务院交通运输主管部门规定的相应证书和其所属国政府签发的相关身份证件；

（三）擅自招用外国籍船员担任中国籍船舶船长的。

第十四条 船员服务机构和船员用人单位未将其招用或者管理的船员的有关情况定期向海事管理机构备案的，按照《船员条例》第五十八条的规定，由海事管理机构对责任单位处5000元以上2万元以下罚款。

前款所称船员服务机构和船员用人单位未定期向海事管理机构备案，包括下列情形：

（一）未按规定进行备案，或者备案内容不全面、不真实；

（二）未按照规定时间备案；

（三）未按照规定的形式备案。

第三节 违反航行、停泊和作业管理秩序

第十五条 违反《海上交通安全法》第三十三条的规定，船舶、海上设施配员不符合最低安全配员要求的，由海事管理机构责令改正，对违法船舶或者海上设施的所有人、经营人或者管理人处2万元以上20万元以下的罚款，对船长和有关责任人员处2000元以上2万元以下的罚款；情节严重的，吊销违法船舶所有人、经营人或者管理人的有关证书、文书，暂扣船长、责任船员的船员适任证书12个月至24个月，直至吊销船员适任证书。

前款所称“不符合最低安全配员要求”，包括以下情形：

（一）持有有效船舶最低安全配员证书的船舶，所配船员数量低于船舶最低安全配员证书要求的；

（二）未持有有效船舶最低安全配员证书的船舶，配员低于船舶最低安全配员标准的；

（三）所配船员不符合船舶、航区、等级、职务等要求的；

（四）海上设施未按规定配备掌握避碰、信号、通信、消防、救生等专业技能的人员的。

第十六条 违反《海上交通安全法》第四十二条的规定，船员未保持安全值班，在履行值班职责前和值班期间摄入可能影响安全

值班的食品、药品或者其他物品，或者有其他违反海上船员值班规则的行为的，由海事管理机构对船长、责任船员处1000元以上1万元以下的罚款，或者暂扣船员适任证书3个月至12个月；情节严重的，吊销船长、责任船员的船员适任证书。

前款所称的“食品、药品或者其他物品”是指酒精、毒品等可能影响安全值班的物品。

本条第一款所称“其他违反海上船员值班规则的行为”是指未按照《中华人民共和国海船船员值班规则》和国际公约中关于航行、值班的要求保持安全值班的其他行为。

第十七条　违反《船员条例》第十六条的规定，船员有下列情形之一的，由海事管理机构处1000元以上1万元以下罚款；情节严重的，并给予暂扣船员适任证书6个月以上2年以下直至吊销船员适任证书的处罚：

（一）未如实填写或者记载有关船舶、船员法定文书的；

（二）隐匿、篡改或者销毁有关船舶、船员法定证书、文书的。

隐藏掩饰，拒不出示船舶、船员法定证书、文书的，视为隐匿。

第十八条　违反《海上交通安全法》第三十四条、第三十五条、第三十六条、第四十三条、第四十四条、第四十五条、第四十七条、第五十七条、第五十八条、第五十九条和第六十一条的规定，船舶在海上航行、停泊、作业，有下列情形之一的，由海事管理机构责令改正，对违法船舶的所有人、经营人或者管理人处2万元以上20万元以下的罚款，对船长、责任船员处2000元以上2万元以下的罚款，暂扣船员适任证书3个月至12个月；情节严重的，对违法船舶的所有人、经营人或者管理人处2万元以上20万元以下的罚款，吊销船长、责任船员的船员适任证书：

（一）船舶进出港口、锚地或者通过桥区水域、海峡、狭水道、重要渔业水域、通航船舶密集的区域、船舶定线区、交通管制区时，未加强瞭望、保持安全航速并遵守前述区域的特殊航行规则；

（二）未按照有关规定显示信号、悬挂标志或者保持足够的富余水深；

（三）不符合安全开航条件冒险开航，违章冒险操作、作业，或者未按照船舶检验证书载明的航区航行、停泊、作业；

（四）未按照有关规定开启船舶的自动识别、航行数据记录、远程识别和跟踪、通信等与航行安全、保安、防治污染相关的装置，并持续进行显示和记录；

（五）擅自拆封、拆解、初始化、再设置航行数据记录装置或者读取其记录的信息；

（六）船舶穿越航道妨碍航道内船舶的正常航行，抢越他船船艏或者超过桥梁通航尺度进入桥区水域；

（七）船舶违反规定进入或者穿越禁航区；

（八）船舶载运或者拖带超长、超高、超宽、半潜的船舶、海上设施或者其他物体航行，未采取特殊的安全保障措施，未在开航前向海事管理机构报告航行计划，未按规定显示信号、悬挂标志，或者拖带移动式平台、浮船坞等大型海上设施未依法交验船舶检验机构出具的拖航检验证书；

（九）船舶在不符合安全条件的码头、泊位、装卸站、锚地、安全作业区停泊，或者停泊危及其他船舶、海上设施的安全；

（十）船舶违反规定超过检验证书核定的载客定额、载重线、载货种类载运乘客、货物，或者客船载运乘客同时载运危险货物；

（十一）客船未向乘客明示安全须知、设置安全标志和警示；

（十二）未按照有关法律、行政法规、规章以及强制性标准和技术规范的要求安全装卸、积载、隔离、系固和管理货物；

（十三）其他违反海上航行、停泊、作业规则的行为。

第十九条 违反《海上交通安全法》第二十条、第二十二条、第二十六条和第四十四条的规定，有下列情形之一的，由海事管理机构责令改正；情节严重的，处 3 万元以上 10 万元以下的罚款：

（一）建设海洋工程、海岸工程未按规定配备相应的防止船舶碰撞的设施、设备并设置专用航标；

（二）损坏海上交通支持服务系统或者妨碍其工作效能；

（三）未经海事管理机构同意设置、撤除专用航标，移动专用航标位置或者改变航标灯光、功率等其他状况，或者设置临时航标不符合海事管理机构确定的航标设置点；

（四）在安全作业区、港外锚地范围内从事养殖、种植、捕捞以及其他影响海上交通安全的作业或者活动。

第二十条 违反《海上交通安全法》第二十四条的规定，有下列情形之一的，由海事管理机构责令改正，对有关责任人员处3万元以下的罚款；情节严重的，处3万元以上10万元以下的罚款，并暂扣责任船员的船员适任证书1个月至3个月：

（一）承担无线电通信任务的船员和岸基无线电台（站）的工作人员未保持海上交通安全通信频道的值守和畅通，或者使用海上交通安全通信频率交流与海上交通安全无关的内容；

（二）违反国家有关规定使用无线电台识别码，影响海上搜救的身份识别；

（三）其他违反海上无线电通信规则的行为。

第二十一条 违反《海上交通安全法》第四十六条、第五十三条、第五十四条和第五十五条的规定，外国籍船舶进出中华人民共和国内水、领海有下列情形之一的，由海事管理机构对违法船舶的所有人、经营人或者管理人处5万元以上50万元以下的罚款，对船长处1万元以上3万元以下的罚款：

（一）外国籍船舶临时进入非对外开放水域，未依照国务院关于船舶进出口岸的规定取得许可的；

（二）外国籍船舶在中华人民共和国领海非无害通过的；

（三）外国籍船舶进出中华人民共和国领海，应当向海事管理机构报告而未报告的；

（四）外国籍船舶进出中华人民共和国领海，未持有有关证书，未采取符合中华人民共和国法律、行政法规和规章规定的特别预防措施，或不接受海事管理机构指令和监督的；

（五）外国籍船舶因紧急情况未及获得许可进入中华人民共和国内水的，未及时向海事管理机构紧急报告，或不接受海事管理机构指令和监督的。

前款第（三）（四）项规定的“外国籍船舶”是指潜水器、核动力船舶、载运放射性物质或者其他有毒有害物质的船舶以及法律、行政法规或者国务院规定的可能危及中华人民共和国海上交通安全的其他船舶。

第二十二条 违反《海上交通安全法》第四十六条的规定，国际航行船舶未经许可进出口岸的，由海事管理机构对违法船舶的所有人、经营人或者管理人处 3000 元以上 3 万元以下的罚款，对船长、责任船员或者其他责任人员，处 2000 元以上 2 万元以下的罚款；情节严重的，对违法船舶的所有人、经营人或者管理人处 3000 元以上 3 万元以下的罚款，吊销船长、责任船员的船员适任证书。

第二十三条 违反《海上交通安全法》第四十六条的规定，国内航行船舶进出港口、港外装卸站未依法向海事管理机构报告的，由海事管理机构对违法船舶的所有人、经营人或者管理人处 3000 元以上 3 万元以下的罚款，对船长、责任船员或者其他责任人员处 500 元以上 5000 元以下的罚款。

第二十四条 违反《海上航行警告和航行通告管理规定》第八条规定，海上航行警告、航行通告发布后，申请人未在国家主管机关或者区域主管机关核准的时间和区域内进行活动，或者需要变更活动时间或者改换活动区域的，未按规定重新申请发布海上航行警告、航行通告，依照《海上航行警告和航行通告管理规定》第十七条的规定，由海事管理机构责令其停止活动，并可以处 2000 元以下罚款。

第二十五条 违反《海上航行警告和航行通告管理规定》，造成海上交通事故的，依照《海上航行警告和航行通告管理规定》第二十条，由海事管理机构对船舶、设施所有人、经营人或者管理人处3000元以上1万元以下罚款；对船长或者设施主要负责人处2000元以上1万元以下罚款并对其他直接责任人员处1000元以上1万元以下罚款；情节严重的，并给予暂扣船员适任证书6个月至24个月直至吊销船员适任证书的处罚。

第二十六条 违反《海上交通安全法》第五十一条的规定，碍航物的所有人、经营人或者管理人有下列情形之一的，由海事管理机构责令改正，处2万元以上20万元以下的罚款；逾期未改正的，海事管理机构有权依法实施代履行，代履行的费用由碍航物的所有人、经营人或者管理人承担：

（一）未按照有关强制性标准和技术规范的要求及时设置警示标志；

（二）未向海事管理机构报告碍航物的名称、形状、尺寸、位置和深度；

（三）未在海事管理机构限定的期限内打捞清除碍航物。

第二十七条 违反《海上交通安全法》第八十四条、第八十八条和第八十九条的规定，有关单位、个人拒绝、阻碍海事管理机构监督检查，或者在接受监督检查时弄虚作假的，由海事管理机构处2000元以上2万元以下的罚款，暂扣船长、责任船员的船员适任证书6个月至24个月，直至吊销船员适任证书。

第四节 违反危险货物载运安全监督管理秩序

第二十八条 违反《危险化学品安全管理条例》第四十四条的规定，危险化学品运输申报人员、集装箱装箱现场检查员未取得从业资格，依照《危险化学品安全管理条例》第八十六条的规定，由海事管理机构责令改正，处5万元以上10万元以下的罚款；拒不改正的，责令停航、停业整顿。

第二十九条 违反《危险化学品安全管理条例》第十八条的规定，运输危险化学品的船舶配载容器未经检验合格而投入使用的，依照《危险化学品安全管理条例》第七十九条的规定，由海事管理机构责令改正，对船舶所有人、经营人或者管理人处10万元以上20万元以下的罚款；有违法所得的，没收违法所得；拒不改正的，责令停航整顿。

前款所称的“船舶配载容器”包括船用刚性中型散装容器、船用可移动罐柜等。

第三十条 违反《海上交通安全法》第六十二条、第六十四条和第六十五条的规定，载运危险货物的船舶有下列情形之一的，海事管理机构应当责令改正，对违法船舶的所有人、经营人或者管理人处5万元以上50万元以下的罚款，对船长、责任船员或者其他责任人员，处5000元以上5万元以下的罚款；情节严重的，责令停止作业或者航行，对违法船舶的所有人、经营人或者管理人处5万元以上50万元以下的罚款，暂扣船长、责任船员的船员适任证书6个月至12个月，直至吊销船员适任证书：

（一）未经许可进出港口或者从事散装液体危险货物过驳作业；

（二）未按规定编制相应的应急处置预案，配备相应的消防、应急设备和器材；

（三）违反有关强制性标准和安全作业操作规程的要求从事危险货物装卸、过驳作业。

第三十一条 违反《海上交通安全法》第六十三条的规定，托运人托运危险货物，有下列情形之一的，由海事管理机构责令改正，处5万元以上30万元以下的罚款：

（一）未将托运的危险货物的正式名称、危险性质以及应当采取的防护措施通知承运人；

（二）未按照有关法律、行政法规、规章以及强制性标准和技术规范的要求对危险货物妥善包装，设置明显的危险品标志和标签；

（三）在托运的普通货物中夹带危险货物或者将危险货物谎报为普通货物托运；

（四）未依法提交有关专业机构出具的表明该货物危险特性以及应当采取的防护措施等情况的文件。

第五节 违反海上搜寻救助管理秩序

第三十二条 违反《海上交通安全法》第七十二条、第八十条和第八十六条的规定，船舶、海上设施遇险或者发生海上交通事故后未履行报告义务，或者存在瞒报、谎报情形的，由海事管理机构对违法船舶、海上设施的所有人、经营人或者管理人处3000元以上3万元以下的罚款，对船长、责任船员处2000元以上2万元以下的罚款，暂扣船员适任证书6个月至24个月；情节严重的，对违法船舶、海上设施的所有人、经营人或者管理人处1万元以上10万元以下的罚款，吊销船长、责任船员的船员适任证书。

第三十三条 违反《海上交通安全法》第七十三条、第七十四条、第七十五条、第七十六条和第七十七条的规定，船舶、海上设施不依法履行海上救助义务，不服从海上搜救中心指挥的，由海事管理机构对船舶、海上设施的所有人、经营人或者管理人处3万元以上30万元以下的罚款，暂扣船长、责任船员的船员适任证书6个月至12个月，直至吊销船员适任证书。

第三十四条 违反《海上交通安全法》第七十三条的规定，船舶发生海上交通事故后逃逸的，由海事管理机构对违法船舶的所有人、经营人或者管理人处10万元以上50万元以下的罚款，对船长、责任船员处5000元以上5万元以下的罚款并吊销船员适任证书，被吊销适任证书者终身不得重新申请。

第六节 违反海上船舶污染海域环境管理秩序

第三十五条 本节所称水上拆船、船舶，其含义分别与《防止拆船污染环境管理条例》使用的同一用语的含义相同。

本节所称海洋环境污染损害、排放，其含义分别与《海洋环境保护法》使用的同一用语的含义相同。

第三十六条 违反《防止拆船污染环境管理条例》规定，有下列情形之一的，依照《防止拆船污染环境管理条例》第十七条的规定，海事管理机构除责令其限期纠正外，还可以根据不同情节，处1万元以上10万元以下的罚款：

（一）发生污染损害事故，不向监督拆船污染的海事管理机构报告也不采取消除或控制污染措施的；

（二）废油船未经洗舱、排污、清舱和测爆即行拆解的；

（三）任意排放或者丢弃污染物造成严重污染的。

☞ **适用要点**

《中华人民共和国海洋环境保护法》第八十八条规定，船舶、石油平台和装卸油类的港口、码头、装卸站不编制溢油应急计划的，由依照本法规定行使海洋环境监督管理权的部门予以警告，或者责令限期改正。本条并非针对所有不编制溢油应急计划的单位，将石油平台和装卸油类的港口、码头以及装卸站排除在外。此外，还增设了对于船舶所有人、经营人或者管理人的惩戒。

第三十七条 违反《防止拆船污染环境管理条例》规定，有下列情形之一的，依照《防止拆船污染环境管理条例》第十八条的规定，海事管理机构除责令其限期纠正外，还可以根据不同情节，处警告或者1万元以下的罚款：

（一）拒绝或阻挠海事管理机构进行现场检查或在被检查时弄虚作假的；

（二）水上拆船单位未按规定要求配备和使用防污设施、设备和器材，造成环境污染的；

（三）发生污染损害事故，虽采取消除或者控制污染措施，但不向监督拆船污染的海事管理机构报告的；

（四）水上拆船单位关闭、搬迁后，原厂址的现场清理不合格的。

第三十八条 违反《海洋环境保护法》有关规定，船舶有下列行为之一的，依照《海洋环境保护法》第七十三条的规定，由海事管理机构责令停止违法行为、限期改正，并对船舶所有人、经营人或者管理人处以罚款；拒不改正的，海事管理机构可以自责令改正之日的次日起，按照原罚款数额按日连续处罚：

（一）向海域排放《海洋环境保护法》禁止排放的污染物或者其他物质的；

（二）不按照《海洋环境保护法》规定向海洋排放污染物，或者超过标准排放污染物的；

（三）因发生事故或者其他突发性事件，造成海洋环境污染事故，不立即采取处理措施的。

有前款第（一）项行为的，处 3 万元以上 20 万元以下的罚款；有前款第（二）项、第（三）项行为之一的，处 2 万元以上 10 万元以下的罚款。

第三十九条 违反《海洋环境保护法》规定，船舶造成珊瑚礁、红树林等海洋生态系统及海洋水产资源、海洋保护区破坏的，依照《海洋环境保护法》第七十六条的规定，由海事管理机构责令限期改正和采取补救措施，并对船舶所有人、经营人或者管理人处 1 万元以上 10 万元以下的罚款；有违法所得的，没收其违法所得。

第四十条 违反《海洋环境保护法》规定，有下列行为之一的，依照《海洋环境保护法》第八十七条的规定，由海事管理机构予以警告，或者处以罚款：

（一）船舶、港口、码头、装卸站未按规定配备防污设施、器材的；

（二）船舶未取得并随船携带防污证书、防污文书的；

（三）船舶未如实记录污染物处置情况；

（四）从事水上和港区水域拆船、旧船改装、打捞和其他水上、水下施工作业，造成海洋环境污染损害的；

（五）船舶载运的货物不具备防污适运条件的。

有前款第（一）项、第（五）项行为之一的，处2万元以上10万元以下的罚款；有前款第（二）项、第（三）项行为的，处2万元以下的罚款；有前款第（四）项行为的，处5万元以上20万元以下的罚款。

第四十一条 违反《海洋环境保护法》规定，船舶不编制溢油应急计划的，依照《海洋环境保护法》第八十八条的规定，由海事管理机构对船舶所有人、经营人或者管理人予以警告，或者责令限期改正。

第七节 违反海上交通事故调查处理秩序

第四十二条 本规定所称海上交通事故，其含义与《海上交通安全法》使用的同一用语的含义相同。

第四十三条 违反《海上交通事故调查处理条例》规定，有下列行为之一的，依照《海上交通事故调查处理条例》第二十九条的规定予以处罚：

（一）发生海上交通事故，未按规定的时间向海事管理机构提交《海上交通事故报告书》；

（二）中国籍船舶在中华人民共和国管辖水域以外发生海上交通事故，船舶所有人、经营人或者管理人未按《海上交通事故调查处理条例》第三十二条规定将判决书、裁决书或者调解书的副本或者影印件报船籍港的海事管理机构备案；

（三）发生海上交通事故，未按海事管理机构的要求驶往指定地点，或者在未发现危及船舶安全的情况下未经海事管理机构同意擅自驶离指定地点；

（四）发生海上交通事故，报告的内容或者《海上交通事故报告书》的内容不符合《海上交通事故调查处理条例》第五条、第七条规定的要求，影响事故调查或者给有关部门造成损失；

（五）发生海上交通事故，不按《海上交通事故调查处理条例》第九条的规定，向当地或者船舶第一到达港的船舶检验机构、公安消防监督机关申请检验、鉴定，并将检验报告副本送交海事管理机构备案，影响事故调查；

（六）拒绝接受事故调查或者无理阻挠、干扰海事管理机构进行事故调查的；

（七）在接受事故调查时故意隐瞒事实或者提供虚假证明。

第四章　附　　则

第四十四条　本规定所称船舶、海上设施、内水、危险货物，其含义与《海上交通安全法》使用的同一用语的含义相同，但有关法律、行政法规和本规定另有规定的除外。

第四十五条　本规定所称的以上、以下包括本数。

本规定所称月，按自然月计算。

第四十六条　海上海事行政处罚程序适用《交通运输行政执法程序规定》。

海事行政处罚可以由违法行为发生地或者发现地的海事管理机构管辖。

第四十七条　本规定自公布之日起施行。2015 年 5 月 29 日以交通运输部令 2015 年第 8 号公布的《中华人民共和国海上海事行政处罚规定》，2017 年 5 月 23 日以交通运输部令 2017 年第 21 号公布的《关于修改〈中华人民共和国海上海事行政处罚规定〉的决定》，2019 年 4 月 12 日以交通运输部令 2019 年第 10 号公布的《关于修改〈中华人民共和国海上海事行政处罚规定〉的决定》同时废止。

中华人民共和国
海上船舶污染事故调查处理规定

（2011 年 11 月 14 日交通运输部令 2011 年第 10 号发布 根据 2013 年 12 月 24 日《交通运输部关于修改〈中华人民共和国海上船舶污染事故调查处理规定〉的决定》第一次修正 根据 2021 年 9 月 3 日《交通运输部关于修改〈中华人民共和国海上船舶污染事故调查处理规定〉的决定》第二次修正）

第一章 总 则

第一条 为了规范船舶污染事故调查处理工作，依据《中华人民共和国海洋环境保护法》、《中华人民共和国防治船舶污染海洋环境管理条例》等规定，制定本规定。

第二条 本规定适用于造成中华人民共和国管辖海域污染的船舶污染事故的调查处理。

第三条 国务院交通运输主管部门主管船舶污染事故调查处理工作。

国家海事管理机构负责指导、管理和实施船舶污染事故调查处理工作。

各级海事管理机构依照各自职责负责具体开展船舶污染事故调查处理工作。

第四条 船舶污染事故调查处理应当遵循及时、客观、公平、公正的原则，查明事故原因，认定事故责任。

第二章 事故报告

第五条 发现船舶及其有关水上交通事故、作业活动造成或者可能造成海洋环境污染的单位和个人，应当立即将有关情况向就近的海事管理机构报告。海事管理机构接到报告后，应当按照应急预案的要求进行报告和通报。

第六条 发生污染事故的船舶、有关作业单位，应当在采取应急措施的同时及时、妥善地保存相关事故信息，立即向就近的海事管理机构报告以下事项：

（一）船舶的名称、国籍、呼号、识别号或者编号；

（二）船舶所有人、经营人或者管理人、污染损害赔偿责任保险人的名称、地址和联系方式；

（三）相关水文和气象情况；

（四）污染物的种类、基本特性、数量、装载位置等情况；

（五）事故原因或者事故原因的初步判断；

（六）事故污染情况；

（七）已经采取或者准备采取的污染控制、清除措施以及救助要求；

（八）签订了船舶污染清除协议的，还应当报告船舶污染清除单位的名称和联系方式；

（九）船舶、有关作业单位认为需要报告的其它事项。

船舶、有关作业单位向海事管理机构报告后，经核实发现报告内容与事实情况不符的，应当立即对报告内容予以更正。

第七条 发生污染事故的船舶、有关作业单位，应当在事故发生后24小时内向就近的海事管理机构提交《船舶污染事故报告书》。因特殊情况不能在规定时间内提交《船舶污染事故报告书》的，经海事管理机构同意后可予适当延迟，但最长不得超过48小时。

《船舶污染事故报告书》至少应当包括以下内容：

（一）船舶及船舶所有人、经营人或者管理人的有关情况；

（二）污染事故概况；

（三）应急处置情况；

（四）污染损害赔偿责任保险情况；

（五）其它与事故有关的事项。

第八条 中国籍船舶在中华人民共和国管辖海域外发生的船舶污染事故，其所有人或经营人应当立即向船籍港所在地直属海事管理机构报告，并在48小时内提交《船舶污染事故报告书》；船舶应当在到达国内第一港口之前提前24小时向船籍港直属海事管理机构报告，并接受调查处理。

第九条 船舶污染事故报告后出现的新情况及污染事故的处置进展情况，船舶、有关单位应当及时补充报告。

第三章 事故调查

第十条 船舶污染事故调查处理依照下列规定组织实施：

（一）特别重大船舶污染事故由国务院或者国务院授权国务院交通运输主管部门等部门组织事故调查处理；

（二）重大船舶污染事故由国家海事管理机构组织事故调查处理；

（三）较大船舶污染事故由事故发生地直属海事管理机构负责调查处理；

（四）一般船舶污染事故由事故发生地海事管理机构负责事故调查处理。

船舶污染事故发生地不明的，由事故发现地海事管理机构负责调查处理。事故发生地或者事故发现地跨管辖区域或者相关海事管理机构对管辖权有争议的，由共同的上级海事管理机构确定调查处理机构。

在中华人民共和国管辖海域外发生的船舶污染事故，造成中华人民共和国管辖海域污染的，调查处理机构由国家海事管理机构指定。

中国籍船舶在中华人民共和国管辖海域外发生重大及以上船舶污染事故造成或者可能造成严重影响的，国家海事管理机构可派员开展事故调查。

船舶污染事故给渔业造成损害的，应当吸收渔业主管部门参与调查处理；给军事港口水域造成损害的，应当吸收军队有关主管部门参与调查处理。

第十一条 船舶因发生海上交通事故造成海洋环境污染的，海事管理机构对船舶污染事故的调查应当与船舶交通事故的调查同时进行。

第十二条 海事管理机构接到船舶污染事故报告后，应当及时进行核查取证，开展现场调查工作。

经核实不属于船舶污染事故的，及时通报相关部门处理。

第十三条 船舶污染事故调查应当由至少两名船舶污染事故调查人员实施。

船舶污染事故调查人员应当经过国家海事管理机构组织的培训，具有相应的船舶污染事故调查处理能力。

第十四条 发生下列情况时，船舶污染事故调查处理机构可以组织开展国际、国内船舶污染事故协查：

（一）污染事故肇事船舶逃逸的；

（二）污染事故嫌疑船舶已经开航离港的；

（三）辖区发生污染事故但暂时无法确认污染来源，经分析可能为过往船舶所为的；

（四）其它需要组织协查的情况。

国际间的船舶污染事故协查，由国家海事管理机构统一组织协调。

第十五条 船舶污染事故调查处理机构调查船舶污染事故，应当勘验事故现场，检查相关船舶，询问相关人员，收集证据，查明事故原因。

第十六条 下列材料可以作为船舶污染事故调查的证据：

（一）书证、物证、视听资料；

（二）证人证言；

（三）当事人陈述；

（四）鉴定结论；

（五）勘验笔录、调查笔录、现场笔录；

（六）其他可以证明事实的证据。

第十七条 船舶污染事故的当事人和其他有关人员应当配合调查，如实反映情况和提供资料，不得伪造、隐匿、毁灭证据或者以其他方式妨碍调查取证。

船舶污染事故的当事人和其他有关人员提供的书证、物证、视听资料应当是原件原物，提供抄录件、复印件、照片等非原件原物的，应当签字确认；拒绝确认的，事故调查人员应当注明有关情况。

第十八条 船舶污染事故调查处理机构根据调查处理工作的需要可以行使以下职权：

（一）责令船舶污染事故当事人提供相关技术鉴定或者检验、检测报告；

（二）暂扣相应的证书、文书、资料；

（三）禁止船舶驶离港口或者责令停航、改航、驶往指定地点、停止作业、暂扣船舶。

第四章 事故处理

第十九条 船舶污染事故调查处理机构应当根据船舶污染事故现场勘验、检查、调查情况和有关的技术鉴定、检验、检测报告，完成船舶污染事故调查。

第二十条 船舶污染事故调查处理机构应当自事故调查结束之日起20个工作日内制作《船舶污染事故认定书》，并送达当事人。

《船舶污染事故认定书》应当载明事故基本情况、事故原因和事故责任。

海事管理机构在接到船舶污染事故报告或者发现船舶污染事故之日起6个月内无法查明污染源或者无法找到造成污染船舶的，经船舶污染事故调查处理机构负责人批准可以终止事故调查，并在《船舶污染事故认定书》中注明终止调查的原因。

第二十一条 船舶污染事故当事人对事故认定不服的，可以在收到《船舶污染事故认定书》之日起15日内，向船舶污染事故调查处理机构或者其上级机构申请一次重新认定。

第二十二条 造成海洋环境污染的船舶应当在开航前缴清海事管理机构为减轻污染损害而采取的清除、打捞、拖航、引航过驳等应急处置措施的相关费用或者提供相应的财务担保。

财务担保应当是现金担保、由境内银行或者境内保险机构提供的信用担保。

第二十三条 重大以上船舶污染事故的调查处理报告应当向国务院交通运输主管部门备案。其中重大以上船舶海上溢油事故的调查处理情况，国务院交通运输主管部门应当向国家海上溢油应急处置部际联席会议通报。

第二十四条 海上船舶污染事故调查处理的信息发布应当及时、准确。

海上船舶污染事故调查处理信息，由负责组织调查处理工作的机构审核后按照新闻发布的相关规定发布。参与事故调查处理的单位或者个人不得擅自发布相关信息。

第二十五条 船舶污染事故引起的污染损害赔偿争议，当事人可以向海事管理机构申请调解，海事管理机构也可以主动调解。

当事人一方拒绝调解的，海事管理机构不得调解。

征得所有当事人同意后，调解可以邀请其他利害关系人参加。

第二十六条 调解人员应当按照有关法律、法规的规定，对船舶污染损害赔偿争议进行调解。调解成功的，由各方当事人共同签署《船舶污染事故民事纠纷调解协议书》。

《船舶污染事故民事纠纷调解协议书》由当事人各执一份，调查处理机构留存一份。

第二十七条 在调解过程中，当事人向人民法院提起诉讼或者申请仲裁的，应当及时通知海事管理机构，调解自动终止。

当事人中途退出调解的，应当向海事管理机构提交退出调解的书面申请，海事管理机构应当终止调解，并及时通知其他当事人。

海事管理机构调解不成，或者在 3 个月内未达成调解协议的，应当终止调解。

第五章 法律责任

第二十八条 船舶、有关作业单位违反本规定的，海事管理机构应当责令改正；拒不改正的，海事管理机构可以责令停止作业、强制卸载，禁止船舶进出港口、靠泊、过境停留，或者责令停航、改航、离境、驶向指定地点。

第二十九条 违反本规定，船舶污染事故的当事人和其他有关人员有下列行为之一的，由海事管理机构处以 1 万元以上 5 万元以下的罚款：

（一）未如实向组织事故调查处理的机关或者海事管理机构反映情况的；

（二）伪造、隐匿、毁灭证据或者以其他方式妨碍调查取证的。

第三十条 发生船舶污染事故，船舶、有关作业单位迟报、漏报事故的，对船舶、有关作业单位，由海事管理机构处 5 万元以上

25 万元以下的罚款；对直接负责的主管人员和其他直接责任人员，由海事管理机构处 1 万元以上 5 万元以下的罚款。直接负责的主管人员和其他直接责任人员属于船员的，并处给予暂扣适任证书或者其他有关证件 3 个月至 6 个月的处罚。

本条所称迟报、漏报包括下列情形：

（一）发生船舶污染事故后，未立即向就近的海事管理机构报告的，因不可抗力无法报告的除外；

（二）船舶污染事故报告的内容与事实情况不符，未及时对报告内容予以更正的；

（三）未在规定时限内向海事管理机构提交《船舶污染事故报告书》的；

（四）提交的《船舶污染事故报告书》内容不完整。

第三十一条 发生船舶污染事故，船舶、有关作业单位瞒报、谎报事故的，对船舶、有关作业单位，由海事管理机构处 25 万元以上 50 万元以下的罚款；对直接负责的主管人员和其他直接责任人员，由海事管理机构处 5 万元以上 10 万元以下的罚款。直接负责的主管人员和其他直接责任人员属于船员的，并处给予吊销适任证书或者其他有关证件的处罚。

本条所称瞒报、谎报包括下列情形：

（一）发生船舶污染事故后，故意不向海事管理机构报告的；

（二）发现船舶污染事故报告的内容与事实情况不符，故意不对报告内容予以更正的；

（三）发生船舶污染事故后，编造虚假信息或者伪造、变造证据，不如实向海事管理机构报告的；

（四）提交《船舶污染事故报告书》弄虚作假的。

第三十二条 在事故调查结束后，海事管理机构对造成船舶污染事故的责任船舶、有关作业单位，依照《中华人民共和国海洋环境保护法》第九十条的规定进行处罚。

直接经济损失是指与船舶污染事故有直接因果关系而造成的财产毁损、减少的实际价值。包括：

（一）为防止或者减轻船舶污染损害采取预防措施所发生的费用，以及预防措施造成的进一步灭失或者损害；

（二）船舶污染事故造成该船舶之外的财产损害；

（三）对受污染的环境已采取或将要采取合理恢复措施的费用。

☞ **适用要点**

根据《中华人民共和国海洋环境保护法》第九十条的规定，对违反本法规定，对造成海洋环境污染事故的责任船舶、作业单位的罚款分为两类：

对造成一般或者较大海洋环境污染事故的，由依照本法规定行使海洋环境监督管理权的部门按照直接损失的百分之二十计算罚款；

对造成重大或者特大海洋环境污染事故的，按照直接损失的百分之三十计算罚款。

对于直接负责的主管人员和其他直接责任人员，可以处上一年度从本单位取得收入百分之五十以下的罚款；直接负责的主管人员和其他直接责任人员属于国家工作人员的，依法给予处分。

第三十三条 船舶污染事故造成珊瑚礁、红树林等海洋生态系统及海洋水产资源、海洋保护区破坏的，海事管理机构应当责令相关责任船舶、作业单位限期改正和采取补救措施，并处1万元以上10万元以下的罚款；有违法所得的，没收其违法所得。

第六章 附 则

第三十四条 国务院交通运输主管部门所辖港区水域内军事船舶和港区水域外渔业船舶、军事船舶污染事故的调查处理，国家法律、行政法规另有规定的，从其规定。

第三十五条 《船舶污染事故报告书》《船舶污染事故认定书》

《船舶污染事故民事纠纷调解协议书》及《船舶污染事故民事纠纷调解终止通知书》的格式由国家海事管理机构规定。

第三十六条 本规定自2012年2月1日起施行。

中华人民共和国船舶污染海洋环境应急防备和应急处置管理规定

（2011年1月27日交通运输部公布 根据2013年12月24日《交通运输部关于修改〈中华人民共和国船舶污染海洋环境应急防备和应急处置管理规定〉的决定》第一次修正 根据2014年9月5日《交通运输部关于修改〈中华人民共和国船舶污染海洋环境应急防备和应急处置管理规定〉的决定》第二次修正 根据2015年5月12日《交通运输部关于修改〈中华人民共和国船舶污染海洋环境应急防备和应急处置管理规定〉的决定》第三次修正 根据2016年12月13日《交通运输部关于修改〈中华人民共和国船舶污染海洋环境应急防备和应急处置管理规定〉的决定》第四次修正 根据2018年9月27日《交通运输部关于修改〈中华人民共和国船舶污染海洋环境应急防备和应急处置管理规定〉的决定》第五次修正 根据2019年11月28日《交通运输部关于修改〈中华人民共和国船舶污染海洋环境应急防备和应急处置管理规定〉的决定》第六次修正）

第一章 总 则

第一条 为提高船舶污染事故应急处置能力，控制、减轻、消除船舶污染事故造成的海洋环境污染损害，依据《中华人民共和国防治船舶污染海洋环境管理条例》等有关法律、行政法规和中华人民共和国缔结或者加入的有关国际条约，制定本规定。

第二条 在中华人民共和国管辖海域内，防治船舶及其有关作业活动污染海洋环境的应急防备和应急处置，适用本规定。

船舶在中华人民共和国管辖海域外发生污染事故，造成或者可能造成中华人民共和国管辖海域污染的，其应急防备和应急处置，也适用本规定。

本规定所称“应急处置”是指在发生或者可能发生船舶污染事故时，为控制、减轻、消除船舶造成海洋环境污染损害而采取的响应行动；“应急防备”是指为应急处置的有效开展而预先采取的相关准备工作。

第三条 交通运输部主管全国防治船舶及其有关作业活动污染海洋环境的应急防备和应急处置工作。

国家海事管理机构负责统一实施船舶及其有关作业活动污染海洋环境应急防备和应急处置工作。

沿海各级海事管理机构依照各自职责负责具体实施防治船舶及其有关作业活动污染海洋环境的应急防备和应急处置工作。

第四条 船舶及其有关作业活动污染海洋环境应急防备和应急处置工作应当遵循统一领导、综合协调、分级负责、属地管理、责任共担的原则。

第二章 应急能力建设和应急预案

第五条 国家防治船舶及其有关作业活动污染海洋环境应急能力建设规划，应当根据全国防治船舶及其有关作业活动污染海洋环境的需要，由国务院交通运输主管部门组织编制，报国务院批准后公布实施。

沿海省级防治船舶及其有关作业活动污染海洋环境应急能力建设规划，应当根据国家防治船舶及其有关作业活动污染海洋环境应急能力建设规划和本地实际情况，由沿海省、自治区、直辖市人民政府组织编制并公布实施。

沿海市级防治船舶及其有关作业活动污染海洋环境应急能力建设规划，应当根据所在地省级人民政府防治船舶及其有关作业活动污染海洋环境应急能力建设规划和本地实际情况，由沿海设区的市级人民政府组织编制并公布实施。

编制防治船舶及其有关作业活动污染海洋环境应急能力建设规划，应当对污染风险和应急防备需求进行评估，合理规划应急力量建设布局。

沿海各级海事管理机构应当积极协助、配合相关地方人民政府完成应急能力建设规划的编制工作。

第六条 交通运输部、沿海设区的市级以上地方人民政府应当根据相应的防治船舶及其有关作业活动污染海洋环境应急能力建设规划，建立健全船舶污染事故应急防备和应急反应机制，建立专业应急队伍，建设船舶污染应急专用设施、设备和器材储备库。

第七条 沿海各级海事管理机构应当根据防治船舶及其有关作业活动污染海洋环境的需要，会同海洋主管部门建立健全船舶及其有关作业活动污染海洋环境的监测、监视机制，加强对船舶及其有关作业活动污染海洋环境的监测、监视。

港口、码头、装卸站以及从事船舶修造的单位应当配备与其装卸货物种类和吞吐能力或者修造船舶能力相适应的污染监视设施和污染物接收设施，并使其处于良好状态。

第八条 港口、码头、装卸站以及从事船舶修造、打捞、拆解等作业活动的单位应当按照交通运输部的要求制定有关安全营运和防治污染的管理制度，按照国家有关防治船舶及其有关作业活动污染海洋环境的规范和标准，配备必须的防治污染设备和器材，确保防治污染设备和器材符合防治船舶及其有关作业活动污染海洋环境的要求。

第九条 港口、码头、装卸站以及从事船舶修造、打捞、拆解等作业活动的单位应当编写报告，评价其具备的船舶污染防治能力是否与其装卸货物种类、吞吐能力或者船舶修造、打捞、拆解活动所必需的污染监视监测能力、船舶污染物接收处理能力以及船舶污染事故应急处置能力相适应。

交通运输主管部门依法开展港口、码头、装卸站的验收工作时应当对评价报告进行审查，确认其具备与其所从事的作业相应的船舶污染防治能力。

第十条 交通运输部应当根据国家突发公共事件总体应急预案，制定国家防治船舶及其有关作业活动污染海洋环境的专项应急预案。

沿海省、自治区、直辖市人民政府应当根据国家防治船舶及其有关作业活动污染海洋环境的专项应急预案，制定省级防治船舶及其有关作业活动污染海洋环境应急预案。

沿海设区的市级人民政府应当根据所在地省级防治船舶及其有关作业活动污染海洋环境的应急预案，制定市级防治船舶及其有关作业活动污染海洋环境应急预案。

交通运输部、沿海设区的市级以上地方人民政府应当定期组织防治船舶及其有关作业活动污染海洋环境应急预案的演练。

第十一条 中国籍船舶所有人、经营人、管理人应当按照国家海事管理机构制定的应急预案编制指南，制定或者修订防治船舶及其有关作业活动污染海洋环境的应急预案，并报海事管理机构备案。

港口、码头、装卸站的经营人以及有关作业单位应当制定防治船舶及其有关作业活动污染海洋环境的应急预案，并报海事管理机构和环境保护主管部门备案。

船舶以及有关作业单位应当按照制定的应急预案定期组织应急演练，根据演练情况对应急预案进行评估，按照实际需要和情势变化，适时修订应急预案，并对应急预案的演练情况、评估结果和修订情况如实记录。

第十二条 中国籍船舶防治污染设施、设备和器材应当符合国家有关标准，并按照国家有关要求通过型式和使用性能检验。

第三章 船舶污染清除单位

第十三条 船舶污染清除单位是指具备相应污染清除能力，为船舶提供污染事故应急防备和应急处置服务的单位。

根据服务区域和污染清除能力的不同，船舶污染清除单位的能力等级由高到低分为四级，其中：

（一）一级单位能够在我国管辖海域为船舶提供溢油和其它散装液体污染危害性货物泄漏污染事故应急服务；

（二）二级单位能够在距岸 20 海里以内的我国管辖海域为船舶提供溢油和其它散装液体污染危害性货物泄漏污染事故应急服务；

（三）三级单位能够在港区水域为船舶提供溢油应急服务；

（四）四级单位能够在港区水域内的一个作业区、独立码头附近水域为船舶提供溢油应急服务。

第十四条 从事船舶污染清除的单位应当具备以下条件，并接受海事管理机构的监督检查：

（一）应急清污能力符合《船舶污染清除单位应急清污能力要求》（见附件）的规定；

（二）制定的污染清除作业方案符合防治船舶及其有关作业活动污染海洋环境的要求；

（三）污染物处理方案符合国家有关防治污染规定。

第十五条 船舶污染清除单位应当将下列情况向社会公布，并报送服务区域所在地的海事管理机构：

（一）本单位的污染清除能力符合《船舶污染清除单位应急清污能力要求》相应能力等级和服务区域的报告；

（二）污染清除作业方案；

（三）污染物处理方案；

（四）船舶污染清除设施、设备、器材和应急人员情况；

（五）船舶污染清除协议的签订和履行情况以及参与船舶污染事故应急处置工作情况。

船舶污染清除单位的污染清除能力和服务区域发生变更的，应当及时将变更情况向社会公布，并报送服务区域所在地的海事管理机构。

第四章　船舶污染清除协议的签订

第十六条　载运散装油类货物的船舶，其经营人应当在船舶进港前或者港外装卸、过驳作业前，按照以下要求与相应的船舶污染清除单位签订船舶污染清除协议：

（一）600 总吨以下仅在港区水域航行或作业的船舶，应当与四级以上等级的船舶污染清除单位签订船舶污染清除协议；

（二）600 总吨以上 2000 总吨以下仅在港区水域航行或作业的船舶，应当与三级以上等级的船舶污染清除单位签订船舶污染清除协议；

（三）2000 总吨以上仅在港区水域航行或作业的船舶以及所有进出港口和从事过驳作业的船舶应当与二级以上等级的船舶污染清除单位签订船舶污染清除协议。

第十七条　载运油类之外的其他散装液体污染危害性货物的船舶，其经营人应当在船舶进港前或者港外装卸、过驳作业前，按照以下要求与相应的船舶污染清除单位签订船舶污染清除协议：

（一）进出港口的船舶以及在距岸 20 海里之内的我国管辖水域从事过驳作业的船舶应当与二级以上等级的船舶污染清除单位签订船舶污染清除协议；

（二）在距岸 20 海里以外的我国管辖水域从事过驳作业的载运其他散装液体污染危害性货物的船舶应当与一级船舶污染清除单位签订船舶污染清除协议。

第十八条 1万总吨以上的载运非散装液体污染危害性货物的船舶，其经营人应当在船舶进港前或者港外装卸、过驳作业前，按照以下要求与相应的船舶污染清除单位签订船舶污染清除协议：

（一）进出港口的2万总吨以下的船舶应当与四级以上等级的船舶污染清除单位签订船舶污染清除协议；

（二）进出港口的2万总吨以上3万总吨以下的船舶应当与三级以上等级的船舶污染清除单位签订船舶污染清除协议；

（三）进出港口的3万总吨以上的船舶以及在我国管辖水域从事过驳作业的船舶应当与二级以上等级的船舶污染清除单位签订船舶污染清除协议。

第十九条 与一级、二级船舶污染清除单位签订污染清除协议的船舶划分标准由国家海事管理机构确定。

第二十条 国家海事管理机构应当制定并公布船舶污染清除协议样本，明确协议双方的权利和义务。

船舶和污染清除单位应当按照国家海事管理机构公布的协议样本签订船舶污染清除协议。

第二十一条 船舶应当将所签订的船舶污染清除协议留船备查，并在办理船舶进出港口手续或者作业申请时向海事管理机构出示。

船舶发现船舶污染清除单位存在违反本规定的行为，或者未履行船舶污染清除协议的，应当向船舶污染清除单位所在地的直属海事管理机构报告。

第五章 应急处置

第二十二条 船舶发生污染事故或者可能造成海洋环境污染的，船舶及有关作业单位应当立即启动相应的应急预案，按照有关规定的要求就近向海事管理机构报告，通知签订船舶污染清除协议的船舶污染清除单位，并根据应急预案采取污染控制和清除措施。

船舶在终止清污行动前应当向海事管理机构报告，经海事管理机构同意后方可停止应急处置措施。

第二十三条 船舶污染清除单位接到船舶污染事故通知后，应当根据船舶污染清除协议及时开展污染控制和清除作业，并及时向海事管理机构报告污染控制和清除工作的进展情况。

第二十四条 接到船舶造成或者可能造成海洋环境污染的报告后，海事管理机构应当立即核实有关情况，并加强监测、监视。

发生船舶污染事故的，海事管理机构应当立即组织对船舶污染事故的等级进行评估，并按照应急预案的要求进行报告和通报。

第二十五条 发生船舶污染事故后，应当根据《中华人民共和国防治船舶污染海洋环境管理条例》的规定，成立事故应急指挥机构。事故应急指挥机构应当根据船舶污染事故的等级和特点，启动相应的应急预案，有关部门、单位应当在事故应急指挥机构的统一组织和指挥下，按照应急预案的分工，开展相应的应急处置工作。

第二十六条 发生船舶污染事故或者船舶沉没，可能造成中华人民共和国管辖海域污染的，有关沿海设区的市级以上地方人民政府、海事管理机构根据应急处置的需要，可以征用有关单位和个人的船舶、防治污染设施、设备、器材以及其他物资。有关单位和个人应当予以配合。

有关单位和个人所提供的船舶和防治污染设施、设备、器材应当处于良好可用状态，有关物资质量符合国家有关技术标准、规范的要求。

被征用的船舶和防治污染设施、设备、器材以及其他物资使用完毕或者应急处置工作结束，应当及时返还。船舶和防治污染设施、设备、器材以及其他物资被征用或者征用后毁损、灭失的，应当给予补偿。

第二十七条 发生船舶污染事故，海事管理机构可以组织并采取海上交通管制、清除、打捞、拖航、引航、护航、过驳、水下抽油、爆破等必要措施。采取上述措施的相关费用由造成海洋环境污染的船舶、有关作业单位承担。

需要承担前款规定费用的船舶，应当在开航前缴清有关费用或者提供相应的财务担保。

本条规定的财务担保应当由境内银行或者境内保险机构出具。

第二十八条 船舶发生事故有沉没危险时，船员离船前，应当按照规定采取防止溢油措施，尽可能关闭所有货舱（柜）、油舱（柜）管系的阀门，堵塞货舱（柜）、油舱（柜）通气孔。

船舶沉没的，其所有人、经营人或者管理人应当及时向海事管理机构报告船舶燃油、污染危害性货物以及其他污染物的性质、数量、种类及装载位置等情况，采取或者委托有能力的单位采取污染监视和控制措施，并在必要的时候采取抽出、打捞等措施。

第二十九条 船舶应当在污染事故清除作业结束后，对污染清除行动进行评估，并将评估报告报送当地直属海事管理机构，评估报告至少应当包括下列内容：

（一）事故概况和应急处置情况；

（二）设施、设备、器材以及人员的使用情况；

（三）回收污染物的种类、数量以及处置情况；

（四）污染损害情况；

（五）船舶污染应急预案存在的问题和修改情况。

事故应急指挥机构应当在污染事故清除作业结束后，组织对污染清除作业的总体效果和污染损害情况进行评估，并根据评估结果和实际需要修订相应的应急预案。

第六章　法律责任

第三十条 海事管理机构应当建立、健全防治船舶污染应急防备和处置的监督检查制度，对船舶以及有关作业单位的防治船舶污染能力以及污染清除作业实施监督检查，并对监督检查情况予以记录。

海事管理机构实施监督检查时，有关单位和个人应当予以协助和配合，不得拒绝、妨碍或者阻挠。

第三十一条 海事管理机构发现船舶及其有关作业单位和个人存在违反本规定行为的，应当责令改正；拒不改正的，海事管理机构可以责令停止作业、强制卸载，禁止船舶进出港口、靠泊、过境停留，或者责令停航、改航、离境、驶向指定地点。

第三十二条 违反本规定，船舶未制定防治船舶及其有关作业活动污染海洋环境应急预案并报海事管理机构备案的，由海事管理机构责令限期改正；港口、码头、装卸站的经营人未制定防治船舶及其有关作业活动污染海洋环境应急预案的，由海事管理机构责令限期改正。

第三十三条 违反本规定，船舶和有关作业单位未配备防污设施、设备、器材的，或者配备的防污设施、设备、器材不符合国家有关规定和标准的，由海事管理机构予以警告，或者处2万元以上10万元以下的罚款。

☞ **适用要点**

根据《中华人民共和国海洋环境保护法》第八十七条第一款第四项的规定，对于船舶载运的货物不具备防污适运条件的，由依照本法规定行使海洋环境监督管理权的部门予以警告，或者处2万元以上10万元以下的罚款。本条在此基础上，明确了海事管理机构执法主体的地位。

第三十四条 违反本规定，有下列情形之一的，由海事管理机构处1万元以上5万元以下的罚款：

（一）载运散装液体污染危害性货物的船舶和1万总吨以上的其他船舶，其经营人未按照规定签订污染清除作业协议的；

（二）污染清除作业单位不符合国家有关技术规范从事污染清除作业的。

第三十五条 违反本规定，有下列情形之一的，由海事管理机构处2万元以上10万元以下的罚款：

（一）船舶沉没后，其所有人、经营人未及时向海事管理机构报告船舶燃油、污染危害性货物以及其他污染物的性质、数量、种类及装载位置等情况的；

（二）船舶沉没后，其所有人、经营人未及时采取措施清除船舶燃油、污染危害性货物以及其他污染物的。

第三十六条 违反本规定，发生船舶污染事故，船舶、有关作业单位迟报、漏报事故的，对船舶、有关作业单位，由海事管理机构处5万元以上25万元以下的罚款；对直接负责的主管人员和其他直接责任人员，由海事管理机构处1万元以上5万元以下的罚款；直接负责的主管人员和其他直接责任人员属于船员的，给予暂扣适任证书或者其他有关证件3个月至6个月的处罚。瞒报、谎报事故的，对船舶、有关作业单位，由海事管理机构处25万元以上50万元以下的罚款；对直接负责的主管人员和其他直接责任人员，由海事管理机构处5万元以上10万元以下的罚款；直接负责的主管人员和其他直接责任人员属于船员的，并处给予吊销适任证书或者其他有关证件的处罚。

第三十七条 违反本规定，发生船舶污染事故，船舶、有关作业单位未立即启动应急预案的，对船舶、有关作业单位，由海事管理机构处2万元以上10万元以下的罚款；对直接负责的主管人员和其他直接责任人员，由海事管理机构处1万元以上2万元以下的罚款；直接负责的主管人员和其他直接责任人员属于船员的，并处给予暂扣适任证书或者其他适任证件1个月至3个月的处罚。

第七章 附 则

第三十八条 本规定所称“以上”“以内”包括本数，“以下”

“以外”不包括本数。

第三十九条 本规定自2011年6月1日起施行。

附件 船舶污染清除单位应急清污能力要求（略）

船舶污染和船舶载运危险货物违法行为举报奖励办法

（2011年2月10日 海船舶〔2011〕63号）

第一条 为鼓励公众参与对船舶航行安全和水域环境保护的监督，打击瞒报、谎报船载危险货物和船舶污染水域行为，保障航运安全，保护水域环境，根据《中华人民共和国海洋环境保护法》、《中华人民共和国水污染防治法》和《危险化学品安全管理条例》等有关规定，制定本办法。

☞ **适用要点**

本条是有关给予公众举报奖励的规定。举报主体是公众，说明不限于公民，法人和其他社会组织也应算作主体。举报的对象，是船舶污染和船舶载运危险货物的违法行为，不包括行政机关的乱作为和不作为。

第二条 本办法适用于直属海事管理机构辖区船舶污染和船舶载运危险货物违法行为的举报与奖励活动。

第三条 各级海事管理机构负责辖区船舶污染和船舶载运危险货物违法行为举报与奖励的具体实施工作。

第四条 各直属海事局及其分支机构应向社会公布辖区船舶污染和船舶载运危险货物违法行为的举报方式。

第五条 任何单位和个人均有权向海事管理机构举报船舶污染和船舶载运危险货物的违法行为。

第六条 单位或个人在举报时，应详细说明举报对象、举报内容，并留存举报人真实姓名（名称）、联系方式，以备进一步核实相关情况。

鼓励举报人利用拍照、摄像等方式收集相关资料，提供详细举报线索。

第七条 海事管理机构接到举报后，应立即对举报内容进行核实调查。对于超出本管辖范围的举报，应及时通报相关单位，并向举报人反馈。

第八条 海事管理机构经调查认定举报属实的，应向举报人反馈；在调查处理并对责任人实施行政处罚后，对举报人实施奖励。

经调查认定举报不属实的，应向举报人反馈相关情况。

第九条 海事管理机构按照下列原则对举报人实施奖励：

（一）查实原则。海事管理机构仅对调查属实，且确定责任人的违法行为的举报人进行奖励；

（二）相当原则。海事管理机构根据被举报违法行为的性质、内容，确定对举报人的奖励金额；

（三）最先原则。同一违法行为有多个举报人的，海事管理机构仅对最先举报人进行奖励；同一违法行为已被海事管理机构调查处理，举报人举报在后的，不予奖励。

第十条 经海事管理机构调查情况属实的，给予举报人不超过罚款金额10%的奖励。

多个举报人联合举报的，只进行一次奖励，奖励金额平均分配给举报人。

第十一条 船舶污染和船舶载运危险货物违法行为举报奖励资金，从罚没款办案经费中列支。

第十二条 对举报人的奖励，由业务主管部门提出初步奖励意见，报送本单位主要负责人或分管领导审核批准后发放。

第十三条 海事管理机构应在举报案件调查处理完毕七日内，

向举报人反馈案件查处结果，通知举报人领取奖励资金。

第十四条 海事管理机构应做好举报案件的信息接收、报告、通报、调查处理、反馈、奖励等环节的记录。举报案件处理完毕后，应将相关材料收集归档。

第十五条 海事管理机构应保护举报人的合法权利。未经举报人同意，禁止泄露举报人的身份、联系方式等个人信息。

第十六条 对于恶意拨打举报电话或以其他方式恶意举报，扰乱海事管理机构工作秩序的，海事管理机构将依法移送公安部门处理。

第十七条 海事管理机构的工作人员不适用本办法的举报与奖励相关规定。

第十八条 本办法自2011年3月1日起施行。各级地方海事管理机构可参照执行。

图书在版编目（CIP）数据

海洋垃圾法规适用指导 / 张栋琦编著．—北京：中国法制出版社，2022．10

（上海政法学院学术文库．环境资源法学丛书）

ISBN 978 - 7 - 5216 - 2961 - 3

Ⅰ．①海… Ⅱ．①张… Ⅲ．①海洋污染 - 污染防治 - 环境保护法 - 法律适用 - 中国 Ⅳ．①D922．685

中国版本图书馆 CIP 数据核字（2022）第 185801 号

策划编辑：陈　兴　　责任编辑：孙　静　　封面设计：杨鑫宇

海洋垃圾法规适用指导

HAIYANG LAJI FAGUI SHIYONG ZHIDAO

编著/张栋琦

经销/新华书店

印刷/北京虎彩文化传播有限公司

开本/640 毫米×960 毫米　16 开　　印张/17．5　字数/221 千

版次/2022 年 10 月第 1 版　　2022 年 10 月第 1 次印刷

中国法制出版社出版

书号 ISBN 978 - 7 - 5216 - 2961 - 3　　定价：65．00 元

北京市西城区西便门西里甲 16 号西便门办公区

邮政编码：100053　　传真：010 - 63141600

网址：http：//www．zgfzs．com　　编辑部电话：010 - 63141787

市场营销部电话：010 - 63141612　　印务部电话：010 - 63141606

（如有印装质量问题，请与本社印务部联系。）